Heinz-Günter Bongartz

DAS LEBEN FINDEN

INHALT

VORWORT

Die Bibel spielte für das Frömmigkeitsleben in meiner Kindheit so gut wie keine Rolle. Meine Eltern lasen nicht in der Bibel. Aber sie waren tiefreligiös und führten ein frommes Leben. Zum ersten Mal wurde ich mit den biblischen Geschichten durch meinen Lehrer Herrn Latzke in der 1. Klasse konfrontiert. Er gestaltete den Religionsunterricht, indem er mit einem eingerollten Bild mit der Darstellung einer biblischen Szene in die Klasse kam und an dem Kartenständer aufhängte. Er setzte sich in die Mitte der Klasse und erzählte uns in jeder Religionsstunde eine Jesusgeschichte nach der anderen. Die Jesusgeschichte als Fortsetzungserzählung. Mit großer Spannung habe ich Woche für Woche darauf gewartet und mich gefragt, wie es wohl weitergeht. Zum ersten Mal wurde mir auf diese Weise Jesus »ans Herz gelegt«!

Denn ich spürte: diese Geschichten hatten für meinen verehrten ersten Lehrer eine tiefe Bedeutung. Ganz oft entdeckte ich ihn auch am Sonntag in einer der ersten Bänke unserer großen Kirche. Dort sang er aus Leibeskräften mit und betete andächtig. Auf diese Weise spürte ich: die Geschichten, die er uns von Jesus aus der Bibel erzählte, hatten immer etwas mit ihm und somit auch mit mir zu tun.

Dann habe ich meine erste Kinderbibel zur Erstkommunion geschenkt bekommen. Die Nachbarin, die bei einem Verlag in meiner Heimatstadt arbeitete, hatte sie mir geschenkt. In dieser Bibel wurde eine zusammenhängende Jesusgeschichte romanhaft nacherzählt. Seitdem habe ich nicht aufgehört, in der Bibel zu lesen und mich besonders mit dem Leben Jesu auseinanderzusetzen.

Jesus ist zum Wegweiser meines Lebens geworden. Es vergeht kein Tag, an dem ich mich nicht mit seinem Leben beschäftige. Immer wieder lasse ich mich in seine Worte hineinziehen und immer wieder halte ich mir vor Augen, wie es wohl war, damals auf seinem Weg durch Galiläa nach Jerusalem. Und dann stellt sich immer wieder neu für mich die Frage:

Wer ist Jesus für mich?

Die Antworten, die ich bei der Erstellung von Predigten, Mediationen und Texten gefunden habe, habe ich in den folgenden Kapiteln zusammengestellt. Sie sollen zeigen: Dieser Jesus von Nazareth hat mein Leben berührt.

Die verschiedenen Betrachtungen seines Lebens wollen aufscheinen lassen, dass ich beim Anschauen seines »Bildes« berührt und gewandelt wurde und mein Leben durch ihn einen tiefen Sinn erfahren hat.

So sollen die nachfolgenden Überlegungen zu seinem Leben einladen, seine Spuren im eigenen Leben zu suchen, um so der Wahrheit des Lebens auf die Spur zu kommen.

Denn, wo wir uns hineinziehen lassen in sein Leben, begegnen wir Gotteswort in Menschenwort und von diesem

Gotteswort ist uns gesagt: Es sind Worte des Lebens, des ewigen Lebens. Daran erinnert Jesus, wenn er sagt:

> *»Wer diese meine Worte hört und danach handelt, ist wie ein kluger Mann, der sein Haus auf Fels baute. Als nun ein Wolkenbruch kam und die Wassermassen heranfluteten, als die Stürme tobten und an dem Haus rüttelten, da stürzte es nicht ein; denn es war auf Fels gebaut« (Mt 7,24–26).*

Darum stimme ich dem theologischen Dichter und Schriftsteller Lothar Zenetti (1926–2019) zu:

> *»Wer Jesus für mich ist?*
> *Einer, der für mich ist.*
> *Was ich von Jesus halte?*
> *Dass er mich hält.«*[1]

Heinz-Günter Bongartz

Heinz-Günter Bongartz

DAS LEBEN
FINDEN

Spurensuche auf dem Weg Jesu

SCHNELL + STEINER

GOTT WILL IN JESUS
MIT DEN MENSCHEN LEBEN

JESUS: GOTTES OFFENE ARME

Beim Betrachten so mancher Weihnachtskrippe ist mir etwas aufgefallen: meistens liegt das Kind in der Krippe mit geöffneten Armen da. Die Augen sind in die Welt gerichtet, schauen interessiert und wach alle die an, die um die Krippe herum versammelt sind. Alle wenden sich dem Kind zu. Alle Augen sind auf das Kind gerichtet. So wie das meistens ist, wenn wir kleinen Kindern oder besonders Neugeborenen begegnen. Wir wenden uns ihnen zu.

Aber wie gesagt: in den meisten Krippen ist das Kind nicht als eintägiger Säugling dargestellt. Es ist meistens ein waches Kind, das die Sinne schon gebrauchen kann. Ein Kind, das wahrnimmt und sich willentlich denen zuwendet, die sich ihm entgegenbeugen. Etwas Bedeutsames!

Denn, damit ist Weihnachten auf den Punkt gebracht. Weihnachten ist Zuwendung Gottes zu uns Menschen. Es geht um mehr als nur um eine reine Krippenromantik, in der wir zuneigende Gefühle für ein verletzliches Kind von armen Eltern in erbärmlichen Umständen zeigen.

Es geht darum, dass Gott sich uns in diesem Kind mit geöffneten Armen zuwendet.

Wir leben momentan in einer Zeit, in der uns die Dunkelheit und die Not des Menschlichen tief bedrängen, so intensiv, wie kaum in den vergangenen Jahren. Man könnte diese Dunkelheit nun weiter mit fast unerträglichen Bildern beschreiben. Das Böse, das sich in so verschiedenen Schattierungen unter uns zeigt, ließe sich in langen Schilderungen konkretisieren.

Aber letztlich ist alle diese Not und Dunkelheit des Menschlichen in einem Mangel begründet:

Es fehlt uns an menschlicher, liebevoller und mitfühlender Zuwendung.

Wie sehr wir auf Zuwendung angewiesen sind, ist mir an der folgenden wahren Begebenheit noch einmal deutlich geworden:

Der 1994 verstorbene Pariser Bischof, François Kardinal Marty, hat einmal diese kleine Begebenheit erzählt:

> *»Mein Fahrer fuhr schon seit zwanzig Minuten um den Häuserblock. Ich kam von einer Konferenz in meinem eigenen Haus nicht los und müsste doch dringend zu einem anderen Termin. Als ich endlich vor die Haustür trat, galt mein Blick allein dem Verkehrsgewühl: Wo ist mein Auto? So übersah ich ganz die drei zerlumpten Clochards vor meiner Haustür. Als sie sich bemerkbar machten, griff ich nach ein paar Münzen und gab sie ihnen. Aber ich wandte meinen Blick dabei nicht von der Straße. Da fasste mich einer der Männer bei der Hand und fragte: ›Bist du nicht der Marty?‹ – ›Ja‹, antwortete ich, und schaute doch immer noch auf die Straße. Da zog er mich zu sich und sagte, ›Du! Marty! Von dir brauche ich mehr. Ich brauche dein Gesicht.‹«[2]*

Um Zuwendung zu erfahren, brauchen wir mehr als Geld. Diese Weisheit legt mir diese Geschichte ins Herz. Alle Reichtümer dieser Welt können einen Menschen nicht trösten, wenn uns das Gesicht fehlt, das uns Zuwendung, Anerkennung und Liebe vermittelt.

Weihnachten bedeutet für mich: Gott schenkt uns diese Zuwendung und zeigt sie uns in einem Gesicht. In dem Gesicht eines Kindes, dass sich auch später immer wieder den übersehenen Menschen zuwendet und besonders ihnen sein Gesicht zeigt, sodass sich ihnen durch seine Zuwendung neues Vertrauen, eine tragende Hoffnung und eine sich verschenkende Liebe ins Herz legt. Daran erinnert uns schon das Jesuskind in der Krippe mit den ausgebreiteten Armen und dem uns zulächelnden Gesicht.

Und Weihnachten bedeutet für mich: Überall dort, wo wir unsere Hände ausbreiten und unser Gesicht zeigen, um Zuwendung zu schenken, ereignet sich Weihnachten je neu und Gott wendet sich darin heute der Welt zu.

Zuwendung verändert die Welt. Gott hat in Betlehem damit noch einmal begonnen. Wie schön, dass wir immer wieder eingeladen sind, ebenfalls die Hände zur Zuwendung auszubreiten und es ihm so gleich zu tun.

JESUS: GOTT VERSTECKT NICHTS

Kinderfragen sind meistens tiefe Fragen. Oder vielleicht sage ich besser: Manche Kinderfrage, die so flockig daherkommt, hat es in sich. Beim zweiten Blick werden diese Fragen zu existentiellen Fragen.

Ich habe als Kind ganz oft gefragt: Warum kommt der liebe Gott nicht einfach in die Welt und klärt die Verhältnisse? Warum zeigt sich der liebe Gott uns Menschen nicht, dann hätte doch aller Zweifel und Unglaube ein Ende? Warum tritt Gott nicht direkter in unsere Welt, dann wäre doch ein Ende mit Gewalt und Ungerechtigkeit, Hass und Streit, Krieg und Menschenverachtung?

Warum verbirgt sich Gott so sehr, dass Menschen ihn nicht finden? Warum spricht (der liebe) Gott nicht mal ein Machtwort, wenn Menschen ungerecht gequält werden? Warum zeigt er den Mächtigen nicht einmal die Grenzen, damit die Armen und Notleidenden, die Flüchtlinge und Gestrandeten zu ihrem Recht kommen?

Ich weiß: als Kind habe ich so gefragt. Und ich weiß: auch viele Erwachsene fragen so!

Der polnische Lyriker Jan Twardowski (2015–2006) hat seine Erklärung auf die Fragen. Sie ist weniger theologisch, sondern in verdichteter Sprache. Sie ist eben lyrisch.

>»Gott hat sich verborgen, damit man die Welt sieht
würde er sich zeigen, gäbe es nichts anders als ihn –
wer würde es wagen
neben ihm eine Ameise zu bemerken
die schöne böse Wespe, die sich emsig tummelt
den grünen Erpel mit den gelben Beinen
den Kiebitz, der seine vier Eier in Kreuzform legt
die Kugelaugen der Libelle, die grünen Bohnen
oder unsere Mutter, die bei Tisch vor kurzem noch
den Henkeltopf am drollig langen Ohr hochhob
die Tanne, die keine Zapfen, sondern Schuppen abwirft
Leiden und Lust – beide Quellen des Wissens
Geheimnisse, die nicht groß oder klein,
aber immer unterschiedlich sind
die Steine, die dem Wanderer die Richtung weisen
die unsichtbare Liebe –
er verdeckt nichts.«[3]*

Gott hat sich verborgen, damit wir die Welt wahrnehmen. Gott sehen, wie er ist, hieße die Welt nicht mehr sehen können. Das muss man sich klar machen. Solange es diese Welt gibt, solange wir in dieser Welt die Schönheit der Schöpfung als endliche Wesen wahrnehmen dürfen, solange wir als

Menschen füreinander Wegweiser sein können, solange unser Augenlicht nur empfänglich ist für das gebrochene Licht der Sonne, solange werden wir den ganzen Glanz und die Unmittelbarkeit Gottes nicht schauen können.

Gott unmittelbar und in seiner ganzen Größe sehen heißt: nichts anderes sehen.

Aber das Gedicht von Jan Twardowski endet nicht mit dieser weltlichen Logik. Es führt mich noch in eine andere Herzensbildung. Von Liebe ist die Rede.

Gott hat sich verborgen, damit man die Welt sieht und die unsichtbare Liebe – Er, Gott, verdeckt nichts.

Seine Liebe zu uns Menschen ist unsichtbar und trotzdem uns nicht vorenthalten.

Seine Liebe zu uns Menschen ist unsichtbar und trotzdem geschichtliche Realität.

Seine Liebe zu uns Menschen ist unsichtbar und zugleich konkret in der Schöpfung erfahrbar.

Seine Liebe zu uns Menschen ist unsichtbar und dennoch ablesbar geworden in einem Kind.

Seine Liebe zu uns Menschen ist unsichtbar und trotzdem erkennbar in dem Wort, das in diesem Kind Mensch wurde.

Gott ist unsichtbar. Doch er verdeckt nichts.

Das feiern wir Weihnachten. Gott macht sich verstehbar in einem konkreten Menschen. Gott tritt selbst unter das Licht der weltlichen Sonne, damit wir ein Bild von ihm haben. Gott wird in einer Krippe in Betlehem geboren, damit wir erkennen können, zu welcher Liebe wir berufen sind. Gott wird Mensch, damit wir menschlich werden, indem wir lieben. Gott wird Geschichte, um in seiner wehrlosen Liebe aufleuchten zu lassen, zu welchem Glanz wir einmal aufschauen werden, wenn wir ihn schauen, wie er ist.

Warum kommt Gott nicht einfach in unsere Welt und klärt die Verhältnisse? Er kam in unsere Welt. Er hat alles geklärt, was zu klären war. Die Klarheit, die er brachte, heißt:

>»Nun aber bleiben Glaube, Hoffnung, Liebe, diese drei; aber die Liebe ist die größte unter ihnen« (1 Kor 13,13).

Wer in dieser Liebe Gottes geht, verdeckt nichts. Sondern, in dieser Liebe machen wir Gott erfahrbar.

JESUS: GOTT WARTET AUF DICH

Wir singen »Stille Nacht, Heilige Nacht«. Warum nennt man die Nacht der Geburt Jesu »stille Nacht«? Schließlich singen doch die Engel in dieser Nacht so laut, dass die Hirten aufmerksam werden. Haben die Engel nur leise gesungen? Ohne Orchesterbegleitung? Ohne ordentliche himmlische Trompeten und Pauken? Hatte man Angst, das Jesuskind zu wecken?

Vielleicht bringt uns ein Gotteszweifler mit einem kleinen Wort auf die Sprünge: Friedrich Nietzsche (1844–1900), schreibt in seinem zentralen Werk: Also sprach Zarathustra, einen nachdenklichen Satz:

>»Die größten Ereignisse – das sind nicht unsre lautesten, sondern unsere stillsten Stunden.«[4]

Würden Sie einen solchen Satz für sich auch behaupten können? War das, was Ihr Leben geprägt hat, waren die wichtigen Wendungen und Entscheidungen Ihres Lebens eher die stillen Momente?

Die amerikanische jüdische Ärztin Rachel Naomi Remen erzählt einmal von einer solchen stillen Stunde. Es ist eine Stunde, in der sie das Leben lernt. Sie erfährt es auf eine Weise, wie man es in keiner Schule lernen kann. Vielleicht, weil es dort zu laut ist. Es ist ein stiller Moment, eine Begebenheit aus ihrer Kindheit, in der sie das Wesentliche ihres Lebens gelernt hat.

Sie berichtet, wie sie eines Tages als kleines Kind mit ihrer Mutter den todkranken Patenonkel besucht. Dieser liegt in einem erhöhten Bett. Die Mutter hebt das Kind hoch und setzt es ganz nahe zu dem Onkel an die Wand. Dann geht die Mutter aus dem Zimmer, weil die Tochter des Patenonkels sie ruft.

In dem Moment öffnet der Onkel die Augen und schaut das Mädchen mit glänzenden Augen an. Er flüstert ihren Namen. Weil der Onkel sehr leise spricht, bückt sich Rachel Naomi ganz nah zu ihm hinunter.

Sie erinnert sich:

»Offensichtlich wollte er noch mehr sagen. Ich war zwar noch sehr klein, wusste aber, dass man flüsterte, wenn man jemanden ein Geheimnis anvertraute, deshalb beugte ich mich zu ihm hinunter, um ihn verstehen zu können. Er lächelte mir zu – es war ein wundervolles Lächeln – und sagte: ›Ich habe auf dich gewartet.‹«

Dann erzählt Rachel Naomi Remen, dass ihre Eltern als intellektuelle Menschen keinen großen Wert auf Zärtlichkeiten legten. Sie erinnert daran, dass es in ihrer Familie nie einen großen Austausch von Gefühlen gab. Deshalb berührt sie die in dieser Situation erfahrene Liebe und fühlt, zum ersten Mal wirklich willkommen zu sein. Sie spürt, dass sie dem Onkel etwas bedeutet. Dann nimmt der Onkel, immer noch das Mädchen anlächelnd, ihre Hand in die seine. Er schloss die Augen. Seufzte tief. Dann war es still. Der Onkel war gestorben. Die Eltern machen sich große Sorgen, ob diese Erfahrung ihres Kindes nicht zu bleibenden Schäden führt. Deshalb bringen sie ihr Kind zu einem Kinderpsychologen. »Doch«, so fasst Rachel Naomi Remen für sich diese Erfahrung zusammen,

> »doch ich selbst hatte etwas völlig anderes erlebt und es dauerte Jahre, bis ich meinen Eltern erzählen konnte, was sich wirklich ereignet hatte und wie wichtig das für mich gewesen war.«[5]

Gott kommt in Stille auf unsere Welt. Jenseits der Hektik der Stadt, jenseits der Betriebsamkeit des Tages. Es ist nach der Erzählung des Evangelisten Lukas auch jenseits einer lauten Herberge. Mitten auf dem Land. In einer abgelegenen Hütte. Dort, wo niemand ist, außer, so die apokryphe Überlieferung, nur noch Rindvieh und Esel.

Hier in der Stille, zeigt sich Gott als Mensch unter den Menschen. Und seine Botschaft ist nur in der Stille zu hören. Sie heißt: »Ich warte auf Dich!«

Ich meine: in diesem Satz lässt sich das ganze Leben Jesu von der ersten Stunde in der Krippe bis zum Kreuz zusammenfassen: »Ich warte auf Dich!« »Ich warte auf Dich, weil ich Dir Freund sein will, der Bruder an Deiner Seite, ein Weggefährte, der Dich mitnimmt auf dem Weg zu Gott.«

»Ich warte auf Dich.« Das ist die Botschaft der Weihnacht und es ist die ganze Botschaft unseres Glaubens.

Wie oft denken wir umgekehrt. Wir meinen, dass wir auf Gott warten. Warten auf ihn in unseren politischen Auseinandersetzungen, damit das Taktieren und Geschacher ein Ende habe. Warten auf ihn in unseren ungerechten Zuständen, damit er es denen, die alles beherrschen einmal zeigen möge.

Nein, es ist umgekehrt und die Stille der Heiligen Nacht erinnert uns daran: Gottes Wort ist Fleisch geworden. Gott selbst ist einer von uns geworden, damit wir erkennen und uns ein Bild machen können von der Sehnsucht, mit der Gott auf uns wartet.

So sind wir eingeladen, immer wieder still an die Krippe zu treten, dem Kind in die Augen zu sehen und ihm zu antworten: Ja, Herr, du wartest auf mich. Darum will ich wie die Hirten eilen und zu dir kommen.

DEN GLAUBEN JESU WAGEN

EHRFURCHT

Auf einem Hinweisschild an einer Kirche steht:

»Wenn du glaubst, dann bete. Wenn du nicht glaubst, dann bewundere. Wenn du gebildet bist: Zeige Ehrfurcht!«

Doch was ist Ehrfurcht? Als Kind habe ich vieles gelernt, was unter dem Stichwort »Ehrfurcht« zu verstehen sei: Wenn jemand eine Kirche betrat, wurde die Mütze abgenommen. Gleiches galt, wenn der Leichenwagen durchs Dorf fuhr und eine Trauergemeinde diesem folgte: die Kopfbedeckung wurde abgenommen, man blieb mit gefalteten Händen am Wegesrand stehen und sprach in Ehrfurcht vor dem Verstorbenen ein Vaterunser. Auch den Erwachsenen gegenüber galt es als Kind, so habe ich es gelernt, ehrfürchtiges Verhalten an den Tag zu legen: man sagte also ›anständig‹ »Guten Tag«, indem man dem Gegenüber ordentlich die Hand reichte, den anderen dabei ansah und einen ›Diener‹ machte. In der Gesellschaft mit Erwachsenen war es geboten, nur dann zu reden, wenn man gefragt wurde. Dazwischenreden ging gar nicht. Ach, ich könnte solche Ehrfurchtsgesten noch sehr lange fortsetzen! Dabei wird deutlich, dass das, was man damals unter Ehrfurcht verstand, oftmals auch schrecklich war. Man konnte den Eindruck gewinnen, als sei Ehrfurcht ein Ausdruck von Erniedrigung, von Machtgefälle und falsch verstandener erzieherischer Unterwürfigkeit. Ich will nicht hier aufzählen, wie oft ich als Kind und sogar manchmal noch als Jugendlicher darunter gelitten habe.

Ein neues Verständnis von Ehrfurcht habe ich dann sehr viel später unter dramatischen Umständen gelernt. Seitdem hat der Begriff für mich eine positive und schöne Bedeutung.

Ich war mit Freunden unterwegs in den Dolomiten. Von Hütte zu Hütte. Ein strahlend sonniger Tag. Eine Frau in unserer Gruppe hatte immer etwas Angst, wenn wir ausgesetztere Wege gehen mussten. Ich selbst habe immer eher das unwegsame Gelände geliebt, und war nicht ängstlich, wenn es mal eine ausgesetzte Kletterpassage zu bewältigen galt.

So standen wir eines Tages an einer Weggabelung. Der eine Weg etwas länger, aber ungefährlich. Der andere Weg zur Hütte ging über einen kaminartigen Klettersteig. Wir entschieden: Die kleine Gruppe geht den sicheren Weg und ich wage den Weg über den etwas ausgesetzten Klettersteig. Natürlich wusste ich, dass man sich in den Bergen niemals trennen sollte. Und doch war an dieser Stelle der Reiz für die Kletterpassage zu groß. Ich konnte der Herausforderung nicht widerstehen und war der Meinung, dass der sichere und überschaubare Weg für die Gruppe völlig ungefährlich war.

Also machten wir uns getrennt auf unsere Wege. Nach einer Stunde im Klettersteig sah ich über mir dunkle Wolken in den Kamin fallen. Gewitterwolken. Das Donnern ließ nicht lange auf sich warten. Erste Blitze. Nun ist zu beachten: in einem Klettersteig, in dem es viel Eisen gibt, ist ein Gewitter stets gefährlich. Also bin ich so schnell, wie es ging bergauf gestiegen. Als ich oben ankam, stand ich auf einer weiten Wiese. Besser: ich ahnte, dass ich auf einer Wiese stand, denn die dunklen schwarzen Nebelwolken ließen mich nicht weit sehen. Und dann: Blitz und Donner waren eins. Niemals zuvor oder danach habe ich so sehr die Kühe blöken gehört. Ich bin damals unter einen großen Felsen gekrabbelt und habe den Rucksack darunter verstaut, damit er nicht nass würde. Das Gewitter hat nicht lange gedauert. Und dennoch kribbelt noch heute in mir alles, wenn ich mich an die grellen Blitze und den unmittelbar krachenden Donner direkt neben mir erinnere. Die Gewalt dieses Naturereignisses bleibt unvergessen. Und unvergessen bleibt auch, dass ich vor Schrecken, vor Sorge, vor Angst nicht einmal richtig beten konnte.

Später war das möglich. Später konnte ich Gott danken, dass er mich und meine Bergfreunde bewahrt hat. Und seitdem habe ich dieses Gefühl der Ehrfurcht. Ehrfurcht vor der Größe der Schöpfung. Ehrfurcht vor der Mächtigkeit der Natur. Ehrfurcht vor den Gewalten und Mächten, denen wir ausgesetzt sein können. Ehrfurcht zuallererst vor dem Gott, der noch mächtiger und größer ist als alles, was uns an Gewalten und Mächten begegnet.

Nun ist das Wort »Ehrfurcht« dennoch auch ein seltsames Wort. In ihm ist das Wort ›Furcht‹ enthalten. Es ist nicht eine Furcht, der man ausweichen will, auch keine Furcht, gegen die es anzukämpfen gilt. Eher ist damit ein ›Abstand halten‹ gemeint, eine Distanz, die man wahren möchte. Ehrfurcht ist gebunden an einen Respekt vor dem Geheimnisvollen, dem Nichterklärbaren, eine innere Scheu, die weiß, dass man das Fremde, dass man das Unbekannte, das Numinose nicht einfach auflösen und übersehen darf.

Damit ist das Gefühl der Ehrfurcht ein Gefühl, das religiösen Wurzeln entsprießt. Das Heilige, das Mächtige, das Erhabene, das für uns nicht Verstehbare, das ganz »Andere«, dass wir Gott nennen, gebietet Ehrfurcht. Das meint etwas anderes, als Angst zu haben. Ehrfurcht ist gekoppelt mit dem Wissen, dass einer größer ist als ich und dass ich mich diesem »Größeren« verdanke. Es geht um das Wissen, dass ich bin, weil er, weil Gott, ist. Darum gehört zur Ehrfurcht immer das Staunen, das Ergriffensein darüber, dass ich mit meiner kleinen Geschichte hineingenommen bin in das absolut Große, das in die Ewigkeit mündet.

Eine so verstandene Ehrfurcht ist nichts Abgehobenes. Ehrfurcht ist auch keine Haltung für besondere Stunden oder gar besondere Begegnungen. Ehrfurcht ist eine Alltagstugend. Der Religionsphilosoph und Theologe Romano Guardini (1885–1969) schreibt:

> »Die Ehrfurcht kann auch eine, sagen wir, alltägliche Form annehmen. Jede echte Tugend erstreckt sich ja durch viele Stufen und Grade, weil sie eine Haltung des lebendigen Menschen ist. So kann, nein soll die Ehrfurcht auch im Alltag erscheinen, und dann heißt sie Achtung.
> Achtung ist das Elementarste, das fühlbar werden muss, damit Menschen als Menschen miteinander verkehren können.
> Es braucht sich dabei noch nicht um besondere Werte handeln – Begabungen, Leistungen, sittlichen Hochstand, oder was immer – sondern einfach um die Tatsache, dass der Andere Mensch ist, Freiheit und Verantwortung hat.«[6]

Ehrfurcht beginnt mit Achtung und Anerkennung. Nicht nur dem anderen Menschen gegenüber. Auch dem Gott gegenüber, der uns im anderen Menschen begegnet.

Und Gott? Hat Gott Ehrfurcht? Seine Ehrfurcht vor uns hat ein Bild: Jesus aus Nazareth. Aus Ehrfurcht, die ihre Mitte in seiner Liebe zu uns hat, kommt er zu uns, um so zu offenbaren, dass er uns mit seinem Leben berühren möchte. Im Leben Jesu wird erkennbar, mit welcher Freiheit uns Gott beschenkt. Wer in seiner Spur geht, wird Freude daran haben, das eigene Leben in Gemeinschaft mit den Mitmenschen in Freiheit und Liebe zu gestalten.

In diesem Geschenk der Freiheit und Liebe, das nur aus Gott hervorgehen kann, »ehrt Gott den Menschen«[7].

Wer um diese Ehrfurcht Gottes weiß, will nichts anderes mehr, als dem Mitmenschen in Ehrfurcht begegnen. Und dann kann es sein, dass man einfach bei einer Begegnung den Hut zieht oder den Kopf bei der Begrüßung verneigt oder einfach nur dem anderen einen freundlichen Blick schenkt.

EMPFANGEN

Wir leben in einer »Leistungsgesellschaft«! Darum gehören wie selbstverständlich mittlerweile die neuesten Informationen über die Börse in unsere Nachrichtensendungen. Wissenschaftlich fundierte Prognosen über das Wirtschaftswachstum oder die Entwicklung des Bruttosozialprodukts haben für uns große Bedeutung. Es beruhigt und lässt gut schlafen, wenn uns mitgeteilt wird, dass die ökonomischen Wachstumssteigerungen stimmen.

Und doch wissen wir: der Mensch ist mehr als nur Ökonomie. Wir suchen nach mehr als nur danach, dass das Bankkonto wächst. Es gibt vieles, was zu einem glücklichen und sinnvollen Leben zählt, und dennoch mit Geld nicht zu bezahlen ist. Das kann man sich schnell in Erinnerung rufen:

Denn: Mit Geld lässt sich zwar das Bett, aber nicht der Schlaf kaufen; Bücher, aber keine Intelligenz; Essen, aber keinen Appetit; Glanz, aber keine Schönheit; Medizin, aber keine Gesundheit, Luxus, aber keine Kultur; Zerstreuung, aber kein Glück; eine Religion, aber nicht die Erlösung.

Was meinem Leben Sinn gibt, was mich hoffnungsvoll nach vorne schauen lässt, was mir Kraft gibt, den nächsten

Schritt zu wagen, was mir hilft, den Mut in der Verlassenheit nicht zu verlieren, all das, lässt sich nicht mit Geld erwerben. All das, braucht eine andere Quelle. All das braucht eine Innerlichkeit, braucht eine Kraftquelle, die ich suchen kann und in mir finden muss. Nur wenn ich weiß, was meinem Leben Sinn stiftet und nur wenn mir bewusst wird, wofür ich da bin, nur wenn ich entdecke, dass für mich dort, wo ich lebe, ein guter Ort ist, werde ich mich aufgehoben und angenommen fühlen. Dann wird es gelingen, mit Kreativität, Ausdauer und Mut das Leben zu gestalten.

Ein afrikanisches Sprichwort sagt:

»Wo Gott dich hingesät hat, dort sollst du blühen!«

Kann man diese Einstellung lernen?

Auf dem wunderschönen Taufbecken im Dom zu Hildesheim, dass der Dompropst Wilbrand von Oldenburg-Wildeshausen zwischen 1226 und 1230 gestiftet hat, ist eine eigenartige biblische Darstellung auf dem Deckel zu finden, mit der ich lange Zeit nichts anzufangen wusste: Der blühende Stab des Aaron. Die Geschichte ist schnell erzählt: Das Volk Israel ist in der Wüste. Das Volk murrt, ist aufsässig, will nicht mehr die Mühen der Befreiung aus der Knechtschaft tragen. Da gibt Gott dem Mose den Auftrag, alle Stämme Israels sollen jeweils einen Stab bringen, auf dem der Name des Stammes geschrieben ist. Die Stäbe soll Mose dann ins Allerheiligste tragen und dort vor dem Altar niederlegen.

»Als Mose am nächsten Tag zum Zelt des Bundeszeugnisses kam, siehe, da hatte der Stab Aarons für das Haus Levi gesprosst. Er trieb Sprossen, blühte und trug Mandeln«
(Num 17,16–25).

Auf dem Taufbecken sind Mose und Aaron zu sehen, die rechts und links neben dem Altar stehen, auf dem die Stäbe geordnet sind. Nur der Stab des Aarons in der Mitte blüht.

Es geht in dieser biblischen Geschichte um Erwählung. Die Stäbe werden über Nacht auf dem Altar dem Heiligen im Allerheiligsten ausgesetzt. Nur der Stab des Aarons treibt Blüten, die anderen bleiben tot. Er ist auserwählt, mit seinem Stamm zukünftig die priesterlichen Dienste stellvertretend für alle anderen Stämme zu übernehmen.

In der christlichen Schriftauslegung ist der blühende Stab des Aarons immer auf die Gottesmutter Maria bezogen worden. In vielen Darstellungen ihrer Berufung durch den Erzengel Gabriel trägt sie eine blühende Lilie. Ausdruck ihrer jungfräulichen, empfangenden Haltung.

Nun fällt es uns modernen Menschen schwer, unsere Taufe mit dem Thema der Jungfräulichkeit auszudeuten. Und doch haben unsere Vorfahren diese innere Haltung mit der Geschichte des blühenden Stabes des Aarons auf dem Taufbecken ins Bild gesetzt, um anzudeuten, was mit uns in der Taufe geschieht.

Nämlich: wir sind Empfangende. Wir haben unser Leben empfangen, nicht selbst ausgewählt. Wir sind in eine Geschichte hineingestellt, ohne dass wir sie bestimmen konnten. Uns wurden Begabungen und Fähigkeiten in die Wiege gelegt, noch bevor wir selbst überlegen konnten, ob wir sie haben wollen. Wir sind durch Eltern, Verwandte und Freunde geprägt und beeinflusst worden, ohne dass wir uns dafür entscheiden konnten.

Leben ist immer »empfangen«. Taufe sagt: Alles, was wir empfangen haben, hat einen Geber: Gott selbst. Er ist der Grund des Lebens. Aufgrund seines Willens sind wir in dieser

Welt. Die Tatsache, dass wir leben, ist ein Beweis dafür, dass Gott uns gewollt hat. Dabei gilt es sich zu erinnern: Gott hat uns nicht das Leben gegeben, weil wir für ihn funktionieren sollen. Er hat uns nicht ins Dasein gerufen, weil er aus uns Profit ableiten will.

Auf seinem Weg begegnet Jesus vielen Menschen. Immer ist er auf ihre individuelle Not ausgerichtet. Doch eines will er in diesen Begegnungen für alle aufscheinen lassen: dass wir in den Augen Gottes geliebte Kinder sind. Gott will keine Erfüllungsgehilfen, sondern Menschen, die sich von ihm geliebt wissen und darin selbst erkennen, welche Aufgaben Gott ihnen im Geschenk des Lebens zugedacht hat. Aus dieser Haltung heraus, sucht Jesus die Begegnung mit den Menschen und entlässt sie immer wieder auf den für sie je eigenen Weg, den sie wählen.

Der Ordensmann Anselm Grün schreibt:

»Wir sollen die Aufgabe entdecken, die uns aufgetragen ist. Es geht darum, dass wir unsere Sendung erkennen. Wir sollen nicht auf unser Gesundwerden fixiert sein, sondern den Auftrag erkennen, den wir in dieser Welt zu erfüllen haben. Dann werden wir erleben, dass unser Leben sinnvoll ist. Das entspricht dem, was die Logotherapie heute neu zur Sprache gebracht hat. Victor E. Frankl, der Begründer der Logotherapie, hat immer wieder darauf hingewiesen, dass heute viele Menschen krank sind, weil sie keinen Sinn mehr in ihrem Leben sehen, weil sie nicht mehr über sich hinausblicken auf einen Sinn, der sie übersteigt. Der Sinn, dem wir unserem Leben geben, macht uns gesund.«[8]

Diesen Sinn im Leben nehmen wir dort wahr, wo uns bewusst wird, dass wir unser Leben Gott verdanken. Und wir können

Gott nur für dieses Leben und für die Sendung, die darin verborgen liegt, danken, wenn wir uns Tag für Tag vor Augen halten, dass er uns beides Tag für Tag neu schenkt. Darum ist christliches Leben ein Leben aus dem Empfangen, oder: aus der Gnade. Wer in dieser Haltung des Empfangens lebt, bleibt gesund und hofft, dass Gott uns einmal ganz mit dem Leben beschenkt, das wir ewiges Leben nennen.

FROMMSEIN

»Es riecht nach Schnee, der Sonnenapfel hängt
so schön und rot vor meiner Fensterscheibe;
wenn ich das Fieber jetzt aus mir vertreibe,
wird es ein Wiesel, das der Nachbar fängt,
und niemand wärmt dann meine kalten Finger.
Durchs Dorf gehn heute wohl die Sternensinger
und kommen sicher auch zu meinen Schwestern.
Ein wenig bin ich trauriger als gestern,
doch lange nicht genug, um fromm zu sein.
Den Apfel nähme ich wohl gern herein
und möchte heimlich an der Schale riechen,
bloß um zu wissen, wie der Himmel schmeckt.
Das Wiesel druckt sich wild und aufgeschreckt
und wird vielleicht nun doch zum Nachbar kriechen,
weil sich mein Herz so eng zusammenzieht.
Ich weiß nicht, ob der Himmel niederkniet,
wenn man zu schwach ist, um hinaufzukommen?
Den Apfel hat schon jemand weggenommen...
Doch eigentlich ist meine Stube gut
und wohl viel wärmer als ein Baum voll Schnee.

Mir tut auch nur der halbe Schädel weh
und außerdem geht jetzt in meinem Blut
der Schlaf mit einer Blume auf und nieder
und singt für mich allein die Sternenlieder.«[9]

Das Gedicht der österreichischen Dichterin Christine Lavant (1918–1973) ist ein winterliches Gedicht. Viele verschiedene Bilder werden in Paarreimen in das Gedicht aufgenommen: Es ist draußen kalt, der Schnee liegt in hohen Türmen vor dem Haus, die rote Sonne strahlt beim späten Aufgehen wie ein roter Apfel in das warme Zimmer. Es ist Dreikönigstag, die Sternsinger gehen durchs Dorf und singen die Lieder vom Kind in der Krippe. Aber es gibt ein draußen und ein drinnen. Die Dichterin fühlt sich krank, Fieber und Kopfschmerzen machen das Leben wie stumpf, nicht nur ein körperlicher Schmerz drückt die Stimmung im Gedicht, auch eine seelische Traurigkeit berührt das Herz, aber noch nicht so, dass es für ein Frommsein reicht. Es ist Winter, auch in dem gewärmten Zimmer frieren die Finger. Nur das Fieber erwirkt eine Wärme, die aber nicht guttut. Wenn es entschwindet, dann wie ein Wiesel flink, zum Nachbarn trollend.

Auch das große Fest der heiligen Dreikönige kann nicht richtig trösten. Das Herz zieht sich zusammen. Der innere paradoxe Wunsch wird mächtig, den roten Apfel, die Sonne, aus der Kälte ins Haus zu holen, um die Schale zu riechen, die nach Himmel schmeckt.

Ist das ein »Frommsein«? Jedenfalls stellt die Dichterin an dieser Stelle im Gedicht die einzige Frage:

»Ich weiß nicht, ob der Himmel niederkniet, wenn man zu
schwach ist, um hinaufzukommen?«

Die Dichterin stellt die Frage des Lebens: Kniet Gott vor uns nieder, wenn wir in unserer Unfähigkeit und Sünde nicht einmal die sind, die wir selbst sein wollen, um uns aufzuheben, hinaufzuziehen in seine Gegenwart; dorthin, wo wir den Himmel schmecken können? Oder anders: Dürfen wir mit der Gnade rechnen, wenn wir entdecken, dass zwischen unseren warmen Stuben, in denen so manches Mal das Herz kalt bleibt, und der roten Sonne des Himmels, die für Gott steht, die Fensterscheiben wie trennende Wände das Zusammenkommen verhindern?

Frommsein beginnt für mich mit einer Wahrnehmung der nackten Lebenswirklichkeit. Frommsein beschönigt nichts. Weder mein Leben noch das Geheimnis Gottes. Und dann fängt Frommsein für mich mit dem vorsichtigen Fragen nach einem Gott an, der sich uns so oft entzieht und sich in unserer Traurigkeit über die Begrenztheit des Lebens nicht einfachhin durch noch so fromme Gebete in unsere Herzen zwängen und gefangen nehmen lässt.

Ich erinnere mich an meine Messdienerzeit. In unserem katholischen Dorf gab es ungefähr 150 Messdiener. Wie stolz war ich, als ich das erste Mal an der Sternsingeraktion teilnehmen durfte. Die beiden Friseure des Dorfes waren zuständig, um 50 Kinder mit einer dunklen Farbe zu schminken. Viele Frauen halfen uns in die kaum übersehbare Zahl der Königsgewänder. Dann ging es in die Aussendungsandacht. Mein Herz wird heute noch warm, wenn ich daran denke, wie wir 150 Kinder aus vollem Herzen sangen: »Kommt lasset uns anbeten ...« Und dann gingen wir los, besuchten alle Bewohnerinnen und Bewohner des Dorfes. Es ging oft durch tiefen Schnee. Es war kalt. Die Hände waren klamm. Wir freuten uns über die Geschenke und hatten manchmal schwer daran zu tragen. Und sicherlich: es gab auch den Stolz darüber, wenn man eine ordentliche Summe für die Mission in Indonesien mitbrachte. Meistens sangen wir in der Wohnstube, dort wo der Tannenbaum und dort wo die Krippe stand. Doch einmal wurden wir in das Schlafzimmer geführt. Ein kranker alter Mann lag im Bett und es war ihm anzusehen, dass es nicht mehr lange dauern würde. Wir sangen und sprachen unsere Gedichte. Ein uns begleitender Erwachsener sprach den Segen. Ich sehe noch heute, wie der sonst fast apathisch wirkende alte Mann dann seine Hände unter dem Bett hervorholte, sich bekreuzigte und wie sich um seine Augen ein heller Glanz bildete.

Es gibt Momente, da können wir auch in unseren Stuben den Himmel schmecken. Es gibt Erfahrungen, da bricht eine Ahnung in uns auf, dass der Himmel sich zu uns herniederkniet. Vielleicht besonders dort, wo wir entdecken, dass wir selbst zu schwach sind, um hinaufzukommen.

Die Priorin der Benediktiner-Abtei von der Ewigen Anbetung in Köln, Johanna Domek, erzählt eine ebenso dichte Stunde, in der der Himmel niederkniete:

»Eine Frau hat einige Jahre hier mitgearbeitet, bis aufgrund ihrer Erkrankung das nicht mehr ging. Sie kam zum Beten und zum Gespräch, hatte an Professfeiern der Schwestern oder der Oblation im Oblatenkreis teilgenommen. Sie wollte auch ›so etwas‹ tun. Oft hatte ich gesagt: ›Das geht nicht‹. Eines Tages verstand ich, dass wir stattdessen tun sollten, was geht. Wir haben ein Gebet aufgeschrieben, das hat sie dann in einer Mittagshore im Kreis der Schwestern gelesen und handgeschrieben auf den Altar gelegt. ›Heiliger Gott, Du hast mir das Leben geschenkt, weil Du willst, dass ich lebe und weil Du mit mir leben willst. Das Leben ist mir oft schwer, und ich sehe nicht das Licht, nach dem ich mich seh-

ne. Oft denke ich, Du bist weit weg von mir, und oft kann ich nicht fühlen, dass Du nahe bist. Aber ich komme zu Dir und ich brauche Deine Hilfe sehr. Schenke mir Mut und Geduld, dass ich richtig leben kann und es jeden Tag versuche. Mit meinen Schwestern hier im Kloster will ich auf Dich schauen und nicht aufhören zu hoffen, zu glauben und zu lieben und das Gute zu erwarten, dass Du mir schenken willst, weil die Schwestern sagen, dass Du mich liebst und immer lieben wirst. Danke‹«.[10]

Wer so betet, kleistert die Fragen nach den Grenzen des Lebens nicht zu, verdrängt die Ohnmacht nicht durch Abspaltung, sondern vertraut, dass Gott hört und somit der Himmel sich niederkniet, auch dann, wenn es so oft in uns und um uns kalt ist.

Dieser Kniefall Gottes hat ein konkretes Gesicht. Es ist das Gesicht des Jesuskindes in der Krippe. Ich habe in der letzten Zeit beim Betrachten verschiedener Krippen immer darauf geachtet: Entweder ein Hirte oder einer der Könige beugt die Knie: Weil Gott sich vor uns niedergekniet hat, sind wir eingeladen, selbst betend hinzuknien, um mit dem in Berührung zu kommen, von dem der Engel prophezeit:

»Sie werden ihm den Namen Immanuel geben, das heißt übersetzt: Gott mit uns« (Mt 1,23).

ZUHÖREN

Zuhören fällt nicht immer leicht. Wer wüsste das nicht! Und doch ist das Zuhören mehr als eine christliche Tugend.

»Der Glaube kommt vom Hören« (Röm 10,17),

sagt der Apostel Paulus. Das Hören ist somit das Fundament unseres Glaubens. Ohne Hören gibt es keinen Glauben. Denn Gott hat den Menschen sein Wort geschenkt. Nicht nur einmal. Immer wieder hat Gott sich in diese Welt eingesprochen.

»Am Ende dieser Tage hat er zu uns gesprochen durch seinen Sohn« (Hebr 1,2).

Gott hat Worte. Worte, die wir verstehen können, weil sie durch einen Menschen, Jesus von Nazareth, unverfälscht und wahrhaftig zu uns gesprochen wurden. Wenn wir wissen wollen, was Gott »denkt«, was Gott »will«, wie Gott die Welt und uns »gedacht« hat, dann können wir hören, hören auf das Wort, das er zu uns durch Jesus Christus gesprochen hat. Seitdem können wir am wirksamsten die Beziehung zu Gott gestalten, indem wir auf Jesus Christus hören. Auf diese Weise können wir mit Gott Gemeinschaft haben. Auf Jesu Wort zu hören, ist immer zugleich Anteil haben am Willen Gottes. Doch gilt es beim Hören empfänglich zu bleiben. Es gibt ja auch ein »Hören«, das »zum einen Ohr rein und zum anderen wieder herausgeht«. Gottes Wort will jedoch etwas bewirken. Darum muss es ins Herz fallen. Gottes Wort braucht Anteilnahme, soll es auch etwas in uns selbst bewirken. Um Gottes Wort in diesem Sinne in unserem Herzen »hören« zu können, braucht es eine »aktive Passivität«. Wie das gemeint ist, habe ich durch eine wichtige Beobachtung verstanden, die eine Patientin der jüdisch-amerikanischen Ärztin Rachel Naomi Remen von manchen Menschen berichtet:

Die Patientin erzählt der Ärztin,

>»dass sie oft, wenn sie versuche, anderen ihre Geschichte zu
erzählen, von diesen mit der Bemerkung unterbrochen werde,
dass ihnen etwas ganz Ähnliches widerfahren sei. Diese Leute
machen auf subtile Weise fremden Schmerz zum Gegenstand
ihrer eigenen Geschichte. Wenn wir jemanden beim Reden
unterbrechen, um ihn wissen zu lassen, dass wir ihn verstehen,
lenken wir damit die Aufmerksamkeit auf uns. Solange wir zuhören, weiß unser Gesprächspartner, dass wir Anteil nehmen.
Meine Patientin gab es schließlich fast auf, mit anderen zu
reden, fühlte sich infolgedessen jedoch ziemlich einsam.«[11]*

Einfach nur zuhören. Kommentarlos zuhören. Die Worte des
anderen nehmen, wie sie sind, um nicht der Versuchung zu
erliegen, sie umzudeuten, indem man sie zum Anlass nimmt,
eigene Geschichten zu erzählen. Besonders kranke Menschen
erleben immer wieder, wie ihnen durch deutende Kommen-
tare und persönliche Reminiszenzen kein Raum des Zuhörens
geschenkt wird. Meistens ist das dann mit einem Gesprächs-
abbruch verbunden und endet in der Einsamkeit, endet mit
dem Gefühl, nicht verstanden worden zu sein.

Der deutsche Schriftsteller und schwäbische Mundartdich-
ter Thaddäus Troll weist darauf hin, dass das

>»Zuhören eine leise, aber elementare Äußerung guten Beneh-
mens ist!«*

Dieses Wort lässt sich meiner Meinung nach auch auf unser
Verhältnis zu Gott hin anwenden. Gutes Benehmen gegenüber Gott beginnt mit dem Zuhören. Eine Spiritualität der

Achtung und Verehrung beginnt mit dem Schweigen und Hören. Sich von Gott in den Dienst nehmen lassen, nimmt seinen Anfang im Hören auf sein Wort.

Das ist nicht einfach. Meistens ist unsere Begegnung mit Gott umgekehrt. Wir kommen zu ihm mit einem überquellenden Herzen voller Anliegen. Alle Not und Bedrängnis, alle Krankheiten und Leiden, alle Hilflosigkeit und Schuld bedrängen uns oft dermaßen, dass wir sie an den Anfang unserer Begegnung mit Gott stellen. »Wovon das Herz voll ist, davon spricht der Mund«, sagt ein Sprichwort. Beten ist sicherlich immer auch Bitten. Gott in den Ohren liegen mit unseren Sorgen und Nöten. Dafür gibt es in der Heiligen Schrift viele Zeugnisse, zum Beispiel in den Psalmen. Sie bezeugen, dass Gott selbst hört. Jesus selbst sagt:

»Bittet, so wird euch gegeben; suchet, so werdet ihr finden; klopfet an, so wird euch aufgetan. Denn wer da bittet, empfängt, und wer da sucht, findet; und wer da anklopft, denen wird aufgetan« (Lk 11,9–10).

Die Kirche selbst eröffnet durch ihr Wirken an den verschiedenen Lebenswenden in der Caritas und in der Verkündigung Räume, in denen wir zur Begegnung mit dem sprechenden Gott eingeladen werden. Der Theologe Karl Rahner beschreibt dafür ein Bild und erinnert, worauf es dann aber ankommt:

»Die Kirche, so kann es einem scheinen, errichtet ungeheure und komplizierte Bewässerungssysteme, um das Land dieses Herzens zu bewässern und fruchtbar zu machen, durch ihr Wort, ihre Sakramente, ihre Einrichtungen und Lebenspraxen.«[12]

Solche pastoralen Angebote verschiedener Art sind notwendig und schaffen einen Zugang zum Wort, das Gott zu uns spricht.

Und doch wird ein solches Beten spröde und rissig, wenn es nicht irgendwann einmal verstummt, um zu hören, was Gott uns sagen möchte. Beten braucht das innere Ohr. Gemeinschaft mit Gott geschieht darum durch Tiefenbohrungen. Darum aber neben

> *»diesen gleichsam von außen kommenden, von außen eingeleiteten Wassern, die dieses Land der Seele tränken sollen, gibt es gewissermaßen eine Tiefenbohrung auf diesem Land selbst, so dass aus einer solchen Quelle, so erbohrt, inmitten dieses Landes selbst die Wasser des lebendigen Geistes emporsprudeln in das ewige Leben«.[13]*

Es geht hier nicht um die Darstellung eines Gegensatzes. Das »kirchliche Bewässerungssystem« von außen steht nie diametral mit der eigenen Quelle der Tiefenbohrungen im Widerspruch, sondern führt dazu hin. Aber

> *»solche Zuleitungen der Gnade von außen nützen einem im letzten nur, wenn sie der letzten Gnade von innen begegnen.«[14]*

»Der Gnade von innen begegnen.« Dieser Weg führt über das Hören des Herzens. Zu einem solchen Hören lädt Jesus ein, wenn er meint:

> *»Wenn jemand mich liebt, wird er an meinem Wort festhalten; mein Vater wird ihn lieben und wir werden zu ihm kommen und bei ihm wohnen. Wer mich nicht liebt, hält an meinen Worten*

nicht fest. Und das Wort, das ihr hört, stammt nicht von mir, son-
dern vom Vater, der mich gesandt hat« (Joh 14,23–24).

SCHWEIGEN

»Jesus zog sich zurück…« Mehr als zehnmal[15] findet sich dieser
Satz so oder ähnlich in den Evangelien. Immer wieder geht Jesus
in die Stille, um vor Gott zu beten. Um vor Gott stille zu werden.
Um vor Gott zu schweigen. Beten ist für Jesus auch Schweigen
vor Gott. Das hat Konsequenzen für die Christusnachfolge. Es
geht in der Spur Jesu nicht immer nur um die Tat. Wer auf seinem Weg gehen will, braucht Orte des Schweigens.

Mit »schweigen« ist hier mehr gemeint, als nur den Mund zu
halten. Schweigen ist eine innere Haltung, eine Aktion, eine Hin-
wendung, die sich nur in der Abwendung ereignen kann.
In einem Gedicht erschließt sich für mich der Sinn des Schweigens:

»Schweigen
Nicht nur still werden und den
Lärm abschalten, der mich umgibt,
nicht nur entspannen und die
Nerven ruhig werden lassen.
Das ist nur Ruhe.

Schweigen ist mehr, Schweigen heißt: mich loslassen
nur einen winzigen Augenblick
verzichten auf mich selbst
auf meine Wünsche
auf meine Pläne

auf meine Sympathien und Abneigungen
auf meine Schmerzen und Freuden
auf alles, was ich von mir denke
und was ich von anderen halte
auf alle Verdienste
auf alle Taten

Verzichten auch auf das,
was ich nicht getan habe,
auf meine Schuld und
auf alle Schuld der andern an mir,
auf alles, was in mir Unheil ist.
Verzichten auf mich selbst.
Nur einen Augenblick DU sagen
und Gott da sein lassen.
Nur einen Augenblick sich lieben lassen
ohne Vorbehalt
ohne zögern
bedingungslos
und ohne auszuschließen
dass ich nachher brenne.
Das ist Schweigen vor Gott.«[16]

In Norwich/England steht vor dem Westportal der »Kathedrale der Heiligen und Ungeteilten Dreifaltigkeit« eine Statue des heiligen Benedikt. Er hält den Zeigefinger vor dem Mund, so wie ein Lehrer, eine Lehrerin den Zeigefinger vor dem Mund hält, um die Schulklasse zur Ruhe einzuladen. In der linken Hand hält der Heilige ein aufgeschlagenes Buch vor seiner Brust auf dem das lateinische Wort »AUSCULTA« steht. Es ist die Befehlsform von »auscultare« und bedeutet nicht, wie das

Bild denken lässt »schweigen, stille werden«, sondern »horchen, lauschen, aufmerksam hören«!

In diesem Sinne ist das »Schweigen« das Fundament des Glaubens. Nur im Schweigen können wir empfänglich werden für das Wort, dass Gott in unser Herz legen möchte.

Das ist wohl auch der Grund, warum in vielen Bildern von der Begegnung des Erzengels Gabriel mit die Gottesmutter Maria als Betende gezeigt wird. Meistens ist eine Gebetsbank zu sehen, oder Maria hat die Heilige Schrift in der Hand und immer ist sie allein in einem Raum, der nicht selten wie ein Kirchraum gestaltet ist.

Beten beginnt im Schweigen und im Schweigen wird Beten zum Hören. Henri Nouwen (1932–1996), der holländische geistliche Schriftsteller erinnert:

> »In der Stille wächst ein Ahnen, dass Beten in erster Linie Empfangen ist. Ein betender Mensch ist ein Mensch, der mit offenen Händen in der Welt steht. Er weiß, dass Gott sich ihm offenbaren will in der Natur, die ihn umringt, in den Menschen, denen er begegnet, in den Situationen, in die er versetzt wird. Er erwartet, dass die Welt das Geheimnis Gottes in sich schließt, dass sich ihm sichtbar machen will. Das Gebet schafft jene Haltung der Empfänglichkeit, in der Gott sich dem Menschen schenken kann. In der Tat, Gott will sich schenken; er will sich dem Menschen, den er erschaffen hat, ausliefern. Er bittet sogar darum, in die Mitte des Menschen eingelassen zu werden.«[17]

Schweigen, um die Bitte Gottes hören zu können, dass er bei uns um Einlass bittet. Das ist die Mitte des christlichen Gebetes. Die Erfahrung Gottes ist im christlichen Verständnis nicht nur den wenigen vorbehalten, die über die Fähigkeit bestimmter Meditationstechniken verfügen. Sie ist auch nicht gebunden an eine bestimmte »Gebetsleistung«, die durch irgendeine Art von Übung zu erreichen wäre. Gebet beginnt mit dem Schweigen. Dieses innere »Stille-werden« kann an vielen Orten geschehen. Es ist zu unterschiedlichen Zeiten möglich. Es ist sogar unwesentlich, auf welchem Weg ein Mensch in diese innere Stille findet. Bei Ignatius von Loyola heißt es: »Nicht Vielwissen sättigt die Seele, sondern das Verkosten der Dinge von innen her!«[18]

Wo dieses Verkosten der Dinge von innen her geschieht, und wo die dabei entstehende Stille das »Du« hervorbringt, das sich leise und absichtslos Gott entgegenstreckt, da wird uns die Gnade zuteil, dass der Gott bei uns um Einlass bittet, der in Jesus ganz zu Hause war.

DIE LIEBE JESU LEBEN

SEHEN

Wie sehe ich die Welt? Gerade in diesen Tagen? Jetzt, in Zeiten des erneuten Krieges in Europa? Ich möchte meine Gedanken jedoch nicht ausschließlich von schrecklichen Bildern bestimmen lassen, die uns in diesen Tagen so sehr berühren.

Darum weite ich die Frage aus: Wie sehe ich meine Mitmenschen? Mitten in meinem konkreten Alltag? Frieden und die Bereitschaft zum Frieden fangen im Kleinen an. Und Frieden ist immer ein direkter Auftrag in der unmittelbaren Wirklichkeit, auch in unserer kleinen Welt. Frieden beginnt mit dem Sehen meiner eigenen Wirklichkeit.

Dabei hat Sehen nicht nur etwas mit den Augen zu tun. Die Fähigkeit des Sehens steht in einer Abhängigkeit zu meiner inneren Einstellung.

»Du siehst nur, was du willst,« sagte meine Mutter oft zu uns Kindern mit einem Ton des Vorwurfes. Das passierte immer dann, wenn wir Dinge, die zu tun waren, einfach übersahen.

»Du siehst nur, wie du denkst,« so würde ich heute diesen Satz etwas verändern. Gilt dies nicht besonders in Hinblick auf unsere Mitmenschen? Die Gefahr ist groß, die Menschen nur so zu sehen, wie wir über sie denken und sie dann auch so zu bewerten.

Jesus macht in seiner Reich-Gottes-Botschaft sensibel: Beim Sehen kann man sehr schnell seinem eigenen Denken, ja noch mehr seinen eigenen Vorurteilen erliegen.

Eine Geschichte erzählt:

»Es ist gleich einem Kaufhausrestaurant, in dem eine Frau eine Gulaschsuppe kaufte. Sie stellt die Suppe auf einen Stehtisch

*und hängt ihre Handtasche darunter. Dann geht sie noch einen
Löffel holen. Als sie zu ihrem Süppchen zurückkommt, steht ein
Afrikaner dort und löffelt die Suppe. Nach dem ersten Schrecken lächelt sie den Afrikaner an, fasst sich ein Herz und löffelt
mit ihm zusammen aus der Terrine. Gentlemanlike lächelt der
Afrikaner zurück. Nach der gemeinsam genossenen Mahlzeit
spendiert der junge Mann ihr noch einen Kaffee und verabschie-
det sich höflich. Das waren die ersten und letzten Worte der
beiden. Als sie gehen will, greift sie nach ihrer Handtasche. Sie
fehlt. Also doch ein gemeiner Schuft, denkt sie. Er ist schon verschwunden. Hilflos blickt sie um sich. Da sieht sie am Nachbar-
tisch eine volle Terrine Gulaschsuppe und darunter ihre Handtasche. – Wer von den beiden ist dem anderen der Nächste
gewesen?«[19]*

So kann es gehen. Wir haben unsere Bilder in uns. Und diese
Bilder prägen unser Sehen und Handeln.

Wie gut, wenn wir, wie in dieser Geschichte, entlarvt
werden und uns vor Augen gehalten wird, dass da nicht
selten ein dicker Balken im eigenen Auge das wirkliche Sehen
verhindert hat.

Die Jünger-Schule mit Jesus ist daher eine »Seh-Lern-
Schule«. In seiner Gemeinschaft werden die Jünger im Sehen
geschult. Dabei geht es nicht um eine Sehschärfe, die in Diop-
trien zu messen ist. Es geht um die Vermittlung einer Haltung,
die dem Sehen eine neue Tiefe gibt. Der religiöse Dichter
Lothar Zenetti setzt dies einmal in Verse:

*»Menschen
die aus der Hoffnung leben
sehen weiter*

Menschen
die aus der Liebe leben
sehen tiefer

Menschen
die aus dem Glauben leben
sehen alles
in einem anderen Licht.«[20]

Wer in seinem Herzen eine Hoffnung trägt, sieht über die gegenwärtige Wirklichkeit hinaus und vertraut darauf, dass Gott noch ganz andere Wege kennt als nur die unsrigen.

Wer in seiner Seele eine Liebe verankert und sich ihrer immer wieder bewusst wird, bleibt beim Sehen der Anderen nicht im Oberflächlichen hängen, sondern weiß um die Würde und damit um die Schönheit, die in allen Menschen wohnt.

Und wer in sich den Glauben an Gott bewahrt, nimmt die Wahrheit in den Blick, weiß also auch um die Sünde, um das Versagen, um unseren begrenzten Blick. Und doch gleichzeitig rechnet dieser Glaube mit Veränderung, mit Umkehr, mit der Option, dass das Leben sich ändern darf und ändern kann.

Wer in der Hoffnung, in der Liebe und im Glauben die Welt und den Mitmenschen ansieht, sieht vor allem das, was wir mit den Augen oft nicht sehen.

Sehen bedeutet bei Jesus hinsehen, ins Herz hineinsehen, um zu spüren, was eigentlich in einem Menschen lebt und ihn ausmacht. Oder anders: den Mitmenschen so sehen, wie ich selbst gerne gesehen werden möchte:
Das kann meinen,
im feindlichen Gegenüber den Bruder, die Schwester erkennen;
im Querulanten den enttäuschten Weltverbesserer;

im Alkoholiker den, dessen Sehnsucht enttäuscht wurde;

im Unnahbaren den, der die Nähe nicht aushält und sich doch danach sehnt;

im Nörgler den, der sich nicht verstanden fühlt;

im Prahlenden den, der sich seiner eigenen Schwächen schämt;

im Großmaul den, der seine eigene Angst überdeckt;

im Geschäftigen den, der sich eigentlich nach Ruhe sehnt und davonrennt;

im Mitläufer den, der sich abgrundtief einsam fühlt;

...

Wer Jesus liebt, sieht anders ... Wer sich an Jesus orientiert, erfährt, dass unsere eigene Unansehnlichkeit im Licht seiner Liebe uns »Ansehen« schenkt. Das lässt uns dann auch anders mit unseren Mitmenschen umgehen.

Ein Sprichwort sagt: »Wenn wir jemanden nicht mögen, nervt uns schon die Art, wie er seinen Löffel hält; wenn wir jemanden mögen, kann er uns einen vollen Teller über die Hose kippen – es wird uns nicht stören.«

Wer in der Spur Jesu gehen will, der weiß um den Satz mit den vier »M's«: In der Gemeinschaft mit Jesus gilt: Man muss Menschen mögen. Und wenn man Menschen mag, sieht man Menschen anders. Eine solche Sichtweise ist der erste Schritt in den Frieden, im Kleinen so wie im Großen.

MITLEIDEN

Die Bilder vom Krieg aus der Ukraine schockieren und machen betroffen zugleich. Kämpfende Soldaten, Tote und Verletzte durch Bombenangriffe, flüchtende Mütter mit ihren

Kindern ... Bilder, die kaum zu ertragen sind. Menschliches Leid, das zum Himmel schreit, weil es so unsinnig und so unnötig ist. Die Nachrichtensendungen mit den vielen Bildberichten und Kommentaren sind kaum auszuhalten. Und doch will ich hinsehen. Wegsehen wäre wie Verdrängung, wäre wie das Nichtwahrhabenwollen einer Wirklichkeit.

In der Geschichte vom Jüngling von Naïn wird erzählt, wie Jesus auf das nackte Elend trifft und hinsieht.

> »Jesus ging in eine Stadt namens Naïn; seine Jünger und eine große Menschenmenge folgten ihm. Als er in die Nähe des Stadttors kam, trug man gerade einen Toten heraus. Es war der einzige Sohn seiner Mutter, einer Witwe. Und viele Leute aus der Stadt begleiteten sie. Als der Herr die Frau sah, hatte er Mitleid mit ihr und sagte zu ihr: Weine nicht! Dann ging er zu der Bahre hin und fasste sie an. Die Träger blieben stehen, und er sagte: Ich befehle dir, junger Mann: Steh auf! Da richtete sich der Tote auf und begann zu sprechen, und Jesus gab ihn seiner Mutter zurück. Alle wurden von Furcht ergriffen und sie priesen Gott« (Lk 7,11–16).

Jesus hat Mitleid. Er leidet mit der Mutter mit. Er leidet mit den alleingelassenen Menschen. Er leidet mit dieser gottverlassenen Frau. Sie hat nun keinen Sohn mehr. Er war der einzige. Der Ehemann war vielleicht schon Jahre vorher gestorben. Nun ist sie allein. Sozial abgestürzt. In ihrer Gesellschaft hilflos dem Schicksal ausgeliefert.

Jesus stellt sich dem Leichenzug in den Weg. Zum ersten Mal steht im Evangelium des Lukas, der diese Geschichte allein unter den Evangelisten erzählt, an dieser Stelle für Jesus das Wort »Herr«. Jesus ist der Herr, der Gottes Wort mit Vollmacht ausspricht. Sein Wort hat lebensspendende, schöpferische Kraft. So wie schon auf der ersten Seite der Bibel steht: »Gott sprach und es wurde«. Selbst der Tod erzittert vor seinem Wort und flieht. Auch die umstehenden Menschen geraten in Furcht. Man könnte meinen, weil hier Außergewöhnliches und Spektakuläres geschieht. Es ist anders. Der Nachsatz deutet die Szene anders. Sie preisen Gott, heißt es. Das erklärt: Sie werden von Furcht gepackt, weil sie in Jesus die Begegnung mit dem Göttlichen erkennen.

An der Erweckung des Jünglings bewahrheitet sich das, was am Anfang der Geschichte des Lukas angesprochen wird: Bei der Geburt Johannes des Täufers spricht sein Vater Zacharias ein prophetisches Wort: Gott »hat sein Volk in Gnaden heimgesucht« und ihm in Jesus »einen starken Retter erweckt«, dessen Mitleid »die barmherzige Liebe unseres Gottes« in konkreten Taten erfahrbar werden lässt[21] (Lk 1,68f.78).

Nun muss man wissen: Alle Wundergeschichten, die uns die Evangelisten aus dem Leben Jesu erzählen, sind keine »Hokuspokus Geschichten«. Darum nennt der Evangelist Johannes die Wunder, die Jesus wirkt, auch nicht Wunder, sondern Zeichen. Die Wunder weisen auf etwas hin. Sie zeigen auf das Kreuz. Sie zeigen dorthin, wo die »barmherzige Liebe Gottes« noch einmal in einem ganz anderen Licht offenbar geworden ist. Jesu Haltung des Mitleids mit dem unerlösten Menschen findet im Kreuz seinen Höhepunkt. Der einzig Gerechte, der, der sich bereits in der Begegnung mit dem notleidenden Menschen als der »Herr« erwiesen hat, nimmt das abgrundtiefe Leiden auf sich, um zu zeigen, dass die Liebe bis in der tiefsten Tiefe des Leids solidarisch bleibt. Darum umfasst sein Leiden alle unsere Leiden und heilt dadurch die Wunden.

Erschlossen hat mir diese tiefe Wahrheit eine Erklärung meiner Mutter. Mein Vater war 1944 als 17-jähriger noch eingezogen worden und musste in solch jungen Jahren im Zweiten Weltkrieg an die Ostfront. Dort wurde mein Vater schwer verletzt, doch er konnte sich bis nach Hause durchschlagen. Seine schwere Lungenverletzung jedoch heilte nicht. Nach mehr als zehn Jahren brach die Verletzung wieder auf. Mein Vater wurde Kriegsinvalide. Ich erinnere mich, wie er unter seiner neu aufbrechenden Kriegsverletzung litt. Atemnot, Blutungen, körperliche Schwäche. Die Sorge, die ich als Kind um den Vater hatte, kann ich heute noch nachfühlen. Eines Tages hatte uns der Lehrer die Passion Jesu erzählt. »Jesus ist für uns am Kreuz gestorben. Er hat für uns gelitten. Kein Leiden eines Menschen ist so groß, wie das Leid des Gottessohnes!«, so hatte der Lehrer die Heilstat Jesu am Kreuz beschrieben. Das wollte ich nicht begreifen. Ich fragte meine Mutter: »Leidet Papa nicht mindestens genauso schwer? Ihm tut doch auch alles weh und nun schon so lange!« Ich sehe das nachdenkliche Gesicht meiner Mutter und höre noch heute ihre Antwort: »Das Kreuz hat Jesus weh getan. Sehr weh getan. Aber noch mehr hat ihm das Herz weh getan, so weh wie keinem anderen Menschen, weil seine Liebe in seinem Herzen so groß war wie bei keinem anderen!«

Es gibt also einen, der kennt die Schmerzen aller. Weil seine Schmerzen »Herzensschmerzen« sind. Es ist der Gekreuzigte. Und mit ihm Gott, der mit seinem Sohn am Kreuz jenen abgrundtiefen Schmerz kennt, den nur die Seele des absolut Liebenden fühlen kann. Darum betet voraussagend der Prophet Jesaja: »Durch seine Wunden sind wir geheilt« (Jes 52,13). Wir sind geheilt, weil wir durch seine Liebe, die dem Leiden des schrecklichen Kreuzestodes standgehalten hat, immer wieder hineingezogen werden ins Leben, auch dann, wenn das Leben an die Grenze des Todes kommt.

»Am Kreuz hängt nicht nur einer, am Kreuz hängen viele. Von Freunden vergessen, von den Zeitungen verschwiegen, von Krankheit geplagt, von Sorgen gequält, von Langeweile ausge-höhlt, von Ansprüchen erdrückt, von Angst erpresst, von Hass vergiftet. Am Kreuz hängt nicht nur einer, am Kreuz hängen viele. Sollen wir nur von dem einen reden?«[22]

Nein, das Kreuz redet nicht von dem einen. Es redet von einer göttlichen Liebe, die allen gilt, und damit redet das Kreuz von uns, von einem jeden einzelnen und von den vielen, die in dieser Welt keine Gerechtigkeit erfahren. Das will kein billiger Trost oder gar Vertröstung sein. Es ist der Aufruf zu einer Liebe, die nicht Halt macht vor dem Leiden. Es ist der Aufruf zu einer Liebe, die Mitleid hat und zum Helfen anregt, damit schon hier und jetzt mitten in der kriegerischen Zerstörung die Hoffnung auf Frieden nicht stirbt.

GUTSEIN

»Was muss ich tun, um das Ewige Leben zu gewinnen« (Mk 10,17)? Ist das heute noch eine Frage? Unsere Frage?

Wir haben in den vergangenen Jahren viel dafür getan, dass unsere Religion, dass unsere Verkündigung der Frohen Botschaft angstfrei wird. Ich kann mich noch daran erinnern, dass uns Kindern im Kindergarten gesagt wurde: »Wenn du das oder jenes tust, kommst du nicht in den Himmel!« Man kann mit der Perspektive des Himmels Angst machen. Das geschieht immer dann, wenn der Zugang zum Himmel danach bemessen wird, wie gut oder wie böse ein Mensch hier auf der Erde gelebt habe. Ist das die Botschaft Jesu?

Da kommt ein junger Mann zu Jesus. Er hat Anstand und Sitte gelernt. Er fällt vor Jesus nieder. Er weiß oder hat mindestens eine Ahnung davon, vor wem er steht. Es geht ihm nicht, so glaube ich, um ein anbiederndes Duckmäusertum. Er ist ehrlich, aufrichtig. Er sieht in Jesus einen großen Lehrer. Darum sind seine Worte so, wie er sie meint. »Guter Meister, was muss ich tun, um das ewige Leben zu gewinnen?« (Mk 10,17)? Ob wir heute auch so fragen würden? Vielleicht fragen wir eher: »Guter Meister, was muss ich tun, um gut zu sein?« Aber schon bei dieser Anrede wird der junge Mann in seiner Meinung hinterfragt: »Warum nennst du mich gut? Niemand ist gut, außer Gott, dem Einen« (Mk 10,18)! Ich denke, das sagt Jesus nicht, um den jungen Mann zu ärgern.

Für Jesus ist diese Aussage wie das Vorzeichen vor einer Klammer: nur Gott ist gut. Und darum kommt alles Gute allein von Gott. Kein Mensch, keiner von uns hier, kann sich im Letzten »gut« nennen. »Jeder hat seine Fehler«, sagen wir. Man kann es noch genauer sagen: Jeder von uns hat seine Sünde, ist nicht so, wie er oder sie sein könnte.

Aber halt: diese Überlegungen könnten jetzt zu moralisch werden. Darum halte ich inne und schaue noch einmal in die biblische Geschichte:

Jesus fährt fort: »Du kennst die Gebote. Du weißt, wie du dich verhalten musst. Die Sache ist klar: Nicht töten, nicht stehlen, nicht die Ehe brechen, nicht lügen, Vater und Mutter ehren usw.« Bis hierher kommt der junge Mann sogar vermeintlich noch mit. Manch ein anderer wäre hier schon abgeschlagen gewesen. Aber er kann sagen, und sein Tonfall ist wiederum ehrlich, nicht überheblich: »Alle diese Gebote habe ich von Jugend an befolgt« (Mk 10,21)! Der junge Mann lebt nach dem Gesetz, nach den Geboten. Aber dennoch, so müssen wir hier uns nochmals erinnern, ist er irgendwie unzufrieden oder unsicher mit sich selbst und muss darum fragen. Obwohl er ganz nach den Geboten lebt, spürt er trotzdem in sich eine Unruhe. Er fragt: »Reicht das, was ich tue?« Obwohl er die Gebote hält, ist er wie getrieben, hat noch keinen Frieden gefunden. Er ist unsicher, ob allein die Befolgung der Gebote reicht, um in den Himmel zu kommen. Darum kommt er zu Jesus und fragt.

Und er hat recht! Er nimmt sich richtig wahr: man kann noch so gut die Gebote befolgen und trotzdem am Leben verzweifeln. Man kann Menschen mit guten Worten trösten und trotzdem dabei selbst vereinsamen. Man kann anderen helfen, sich Tag und Nacht für die Armen einsetzen und trotzdem darin in einer Angst vor dem Leben keine Hoffnung erfahren.

> »Das Leben ist anders, je nachdem ob ich von Angst beherrscht bin oder Vertrauen empfangen und schenken darf. Es ist eine mörderische Sache, wenn man Angst davor hat, auf etwas anderes zu vertrauen als auf die eigene Tat.«[23]

Wie oft fragen wir so: »Was muss ich tun?« »Es gibt nichts Gutes, außer man tut es!« Sie kennen vielleicht diesen Vers von Erich Kästner. Er offenbart unser neuzeitliches Denken. Das Gute ist, wenn überhaupt, durch unser Tun. Wir sind die Macher, auch wenn es um das Gute geht. Natürlich hat das auch eine Wahrheit. Aber die Wahrheit davor ist: Gott allein ist gut. Und alles Gute kommt von ihm. Das Gute beginnt nicht mit uns, es ist bereits vor uns da. »Das Gute kommt nicht aus uns, es kommt zu uns.« In der Gemeinschaft mit Gott färbt das Gute auf uns ab. Die Welt und mein Leben werden nicht erst gut durch mich, sondern die Welt ist und ich selbst bin bereits gut durch den Einen, der von Ewigkeit an war. Und darum ist Gott mit uns gut, egal wie gut wir sind, ich bin. Von dieser Zusage kann man leben. Doch, man muss ihr vertrauen.

Darum sagt Jesus zu dem jungen Mann »Eines fehlt dir noch: Geh hin und verkaufe alles« (Mk 10,21)! Damit hat der junge Mann sicherlich nicht gerechnet. Diese Antwort Jesu ist wie eine Zumutung: »Verkaufe alles!« Doch man sollte, besser noch, man muss bei dieser Stelle genau hinsehen. Es ist hier keine Rede von den Armen und sozial Schwachen. Keine Rede von Arbeitslosen und Hilfsbedürftigen, um derentwillen der Mann alles geben soll. Es heißt, bevor Jesus ihm die Armut zumutet: »Er schaute ihn in Liebe an«, und was er ihm auferlegt, geschieht um der Absicht willen, dass der junge Mann ein offenes Herz bekommt, um Gott erkennen zu können. Er soll alles lassen, alles los-lassen, damit er dem die Hände entgegenstrecken kann, der allein Leben gibt: Gott.

Hier liegt das Geheimnis der Nachfolge Jesu: ihm vertrauen bedeutet los-lassen von der eigenen Machbarkeitsgier, frei zu werden von allem religiösen Leistungsdenken, um im Loslassen eine in Gott verborgene Gelassenheit zu finden. Leben ist nicht machen, sondern Vertrauen in Gott, der alles gemacht hat und alles machen wird, was uns und die Welt zur Vollendung führt. Wer so vertrauen kann, der lässt nicht alles schleifen, sondern der tut, was Jesus getan hat. »Komm und folge mir nach!« Das ist die Konsequenz des Gottvertrauens. Nachfolge ist kein Gebot, keine Verpflichtung, sondern eine Konsequenz des Gottvertrauens. Wer dieses Gottvertrauen nicht anfanghaft in sich erfahren hat, kann nur schwer nachfolgen.

»Ich ging als Bettler von Tür zu Tür die Dorfstraße entlang. Da erschien in der Ferne dein goldener Wagen wie ein schimmernder Traum, und ich fragte mich, wer dieser König der Könige sei. Hoffnung stieg in mir auf: die schlimmen Tage schienen vorüber; ich erwartete Almosen, die geboten wurden, ohne dass man um sie bat, und Reichtümer, die in den Sand gestreut wurden. Der Wagen hielt an, wo ich stand. Dein Blick fiel auf mich, und mit einem Lächeln stiegest du aus. Endlich fühlte ich mein Lebensglück kommen. Dann strecktest du plötzlich die rechte Hand aus und sagtest: ›Was hast du mir zu schenken?‹ Welch königlicher Scherz war das, bei einem Bettler zu betteln! Ich war erlegen, stand unentschlossen da, nahm schließlich aus meinem Beutel ein winziges Reiskorn und gab es dir. Doch wie groß war mein Erstaunen, als ich am Abend meinen Beutel umdrehte und zwischen den wertlosen Plunder das kleine Korn wiederfand – zu Gold verwandelt. Da habe ich bitterlich geweint, und es tat mir leid, dass ich nicht den Mut gefunden hatte, dir mein Alles zu geben.«[24]

»Eines fehlt dir noch!« Auf dieses eine kommt es an: Im Vertrauen auf Gott die Hände leer machen, im Wissen darum, dass er allein gut ist und wir in ihm das Gute finden. So werden wir gut und finden den Weg, der ins Ewige Leben führt. Es ist gar nicht so schwer!

Ich bin vor einiger Zeit mit einem Finanzberater ins Gespräch gekommen. Sein Fazit der gegenwärtigen Situation: »Alles, was ich in meiner Ausbildung gelernt habe, gilt nicht mehr!« Was hatte er, was habe ich gelernt? Ganz einfach: Geld bringt Zinsen. Wenn du dein Geld auf die Bank trägst, wird es mehr. Und heute?

Geld verliert den Wert. Die Zinsen sind immer noch niedrig. Die Inflation frisst das Geld auf.

Das führt zu Unsicherheiten. Nicht nur in Fragen der Geldanlage. Viele stellen sich die Frage: Worauf kann ich mich verlassen? Auf was darf ich setzen? Wo bekomme ich Sicherheit?

Was gilt? Was trägt?

Kann man mit diesen Fragen auch an die Botschaft Jesu herantreten? Was gilt bei ihm? Was muss man bei ihm ohne »Wenn« und »Aber« in den Blick nehmen, damit das Leben sicher wird?

In einem Gleichnis finde ich bei Jesus drei Punkte:

Das Erste, was bei Jesus gilt, ist in einem eigentümlichen Gleichnis beschrieben: Das Gleichnis vom klugen, aber unredlichen Verwalter (Lk 16,1–13). Es stiftet zunächst Verwirrung:

>»Ein reicher Mann hatte einen Verwalter. Diesen beschuldigte
>man bei ihm, er verschleudere sein Vermögen. Darauf ließ er ihn
>rufen und sagte zu ihm: Was höre ich über dich? Leg Rechen-
>schaft ab über deine Verwaltung! Denn du kannst nicht länger
>mein Verwalter sein. Da überlegte der Verwalter: Was soll ich
>jetzt tun, da mein Herr mir die Verwaltung entzieht? Zu schwerer
>Arbeit tauge ich nicht und zu betteln schäme ich mich. Ich weiß,

was ich tun werde, damit mich die Leute in ihre Häuser aufneh-
men, wenn ich als Verwalter abgesetzt bin. Und er ließ die Schuld-
ner seines Herrn, einen nach dem anderen, zu sich kommen und
fragte den ersten: Wie viel bist du meinem Herrn schuldig? Er
antwortete: Hundert Fass Öl. Da sagte er zu ihm: Nimm deinen
Schuldschein, setz dich schnell hin und schreib fünfzig! Dann
fragte er einen andern: Wie viel bist du schuldig? Der antwortete:
Hundert Sack Weizen. Da sagte er zu ihm: Nimm deinen Schuld-
schein und schreib achtzig! Und der Herr lobte den ungerechten
Verwalter, weil er klug gehandelt hatte« (Lk 16,1–8).

Da tut einer Unrecht. Er verteilt Vermögen, das ihm nicht
gehört. Letztlich verhält er sich sogar so, dass man ihn des
Betruges anzeigen müsste.

Aber der nächste Satz nach dem Gleichnis rückt sein Tun
in ein anderes Licht:

»Macht euch Freunde mit Hilfe des ungerechten Mammons, da-
mit ihr in die ewigen Wohnungen aufgenommen werdet, wenn
es mit euch zu Ende geht« (Lk 16,10).

Es gibt für unser Leben einen Maßstab und das ist der, dass
das Leben endlich ist. Jesus sagt: Es geht mit uns Menschen
einmal zu Ende. Doch dann stehen wir nicht vor dem Nichts,
sagt Jesus. Es gibt eine ewige Wohnung. Der Schlüssel für
diese Wohnung ist die Liebe. Denn wenn Gott die Liebe ist
und Gott zugleich der Hausherr der ewigen Wohnungen,
dann kann niemand in der Wohnung Platz haben, der oder
die nicht geliebt haben.

Darum ist die Botschaft Jesu durchzogen von der Verkündigung, dass wir die Liebe, die Achtung vor der Menschen-

würde, die Sorge um den Nächsten mit Entschlossenheit und Entschiedenheit leben.

Das kann bis an die Grenze des Legalen gehen: Vom Kölner Kardinal Frings ist überliefert, dass er in den Zeiten der bitteren Armut nach dem Zweiten Weltkrieg, als viele Menschen hungerten und froren, in einer Predigt das illegale »Organisieren« von Kohle erlaubte. In seiner Silvesterpredigt vom 31. Dezember 1946 in der Kirche St. Engelbert in Köln-Riehl legitimierte Frings den »Mundraub« so: »Wir leben in Zeiten, da in der Not auch der einzelne das wird nehmen dürfen, was er zur Erhaltung seiner Gesundheit notwendig hat, wenn er es auf andere Weise, durch seine Arbeit oder Bitten, nicht erlangen kann.« Es gibt so etwas wie die Erlaubnis des Verbotenen. Wenn es um Leben und Tod geht, wenn die Gefahr der Erfrierung droht, dann kann es legitim sein, Kohle von Güterzügen zu »organisieren«. Man nannte das dann im Rheinland »fringsen«.

Juristisch bleibt der Diebstahl. Das Verhalten des Verwalters in dem Gleichnis Jesu ist darum nicht in Ordnung. Jeder muss für seine Taten geradestehen. Und doch geht das Gewissen hin und wieder über bestehenden Regeln hinaus. Es gibt Konfliktkollisionen, in denen die größere Liebe vor dem Recht Vorrang hat.

Wer diese entschiedene Liebe lebt, sagt Jesus, der ist bei Gott in Sicherheit, der hat Gott auf seiner Seite, auch am Ende.

Jesus nennt einen zweiten Weg, der ins Leben führt: Die kleinen Dinge sind groß. Ein Streichholz kann ein immenses Feuer entfachen. Und eine Schneeflocke kann einen Baum zum Einsturz bringen. Das kennen wir und können wir sofort nachvollziehen.

Jesus verkündet das Reich der Liebe. Die Entschlossenheit einer gelebten Liebe beginnt im Kleinen. Die kleinen Schritte der Nächstenliebe ermöglichen die großen Wege, auf denen uns Frieden und Gerechtigkeit begegnen.

Die größte Kraft der Liebe beginnt mit der Aufmerksamkeit.

Wer im Kleinen seine Berufung lebt, eröffnet große Wege, die uns an das Leben glauben lassen.

Ein letztes Wort schenkt uns Jesus im Evangelium, dass uns Sicherheit und Geborgenheit schenken will. Jesus erinnert: Alles, was wir haben, kommt von Gott. Alles, was wir haben, ist uns darum anvertraut. Es gehört uns nicht. Wer so denkt, bei dem relativiert sich sein Verhältnis zum Besitz und Reichtum. Der Jünger Jesu, die Jüngerin Jesu teilen darum, wo sie können. Sie sehen die Not anderer und helfen, wo es notwendig ist.

Es gibt unter uns nur zu oft einen Umgang mit Reichtum und Besitz, der sich aus der Haltung der Selbstverliebtheit hervorbringt. Der österreichische Ökonom Anton Tautscher bringt es süffisant auf den Punkt: »Man kauft etwas, was man nicht braucht; mit dem Geld, was man nicht hat; um denen zu imponieren, die man nicht mag«.

Jesus erinnert daran: nur eine Freiheit, die sich nicht an Besitz und Reichtum bindet, führt in eine Sicherheit der Selbstbestimmung, der eigenen Wertschätzung und zugleich einer Achtung des Nächsten.

Was gilt, was gibt Sicherheit, was ist der Weg in ein gelungenes Leben?

Es ist richtig: Diese Fragen dürfen nicht an der Realität vorbeigehen. Diese Fragen müssen sich den Herausforderungen von Politik, Wirtschaft und finanziellen Möglichkeiten stellen.

Das Evangelium vom ungerechten Verwalter erinnert uns allerdings an eine Haltung, die es noch vor all diesen Fragen zu berücksichtigen gilt.

Sie heißt: Die wahre Sicherheit in unserem Land, in unseren Gemeinden, in unseren Familien finden wir nur, wenn wir die Liebe wagen. Es gibt keine Sicherheit ohne das Wagnis der Liebe.

Dabei schadet es nicht, wenn wir in dieser Liebe mal gewitzt und schlitzohrig sind. Denn alles, was aus einer wahren Liebe hervorgeht, geht nie verloren. Das ist das Versprechen des Evangeliums. Wo die Liebe zur Tat wird, ist der wahre Reichtum nicht auf dem Kontoauszug zu festzumachen. In der Liebe wächst das Konto des Lebens: dreißigfach, sechzigfach, hundertfach. Auf dieses Wort Jesu kann man sich verlassen.

LIEBEN LERNEN

In der christlichen Wochenzeitschrift »Christ in der Gegenwart« gab es vor längerer Zeit eine Artikelserie unter dem Motto: »Was soll ein Christ in der Gegenwart für seine religiöse Bildung lesen?«

Darin schrieb der Wissenschaftler Gerald Hüther, Professor für neurobiologische Grundlagenforschung an der Psychiatrischen Universitätsklinik Göttingen, der am Max-Planck-Institut für experimentelle Medizin – über die Hirnentwicklung und deren Störungen geforscht hat.

»Als Hirnforscher beobachte ich mit großer Sorge, wie immer mehr junge Menschen in unserer heutigen Zeit ihren Halt verlieren, zu Drogen greifen oder gewalttätig werden. Warum ist

das so? Hat das etwas mit mangelnder religiöser Bildung zu tun?
Liegt es womöglich daran, dass diese jungen Menschen entwe-
der gar keine oder die falschen Bücher lesen? Wohl kaum, denn
das, was ihnen fehlt, ist eine Bildung, die vom Herzen kommt,
nicht vom Verstand. Es ist die Liebe.

Die Liebe zum Leben, zu den Menschen, zu Gott, zur Natur mit
all den Tieren und Pflanzen, der Sonne, den Wolken, auch dem
Wind und dem Regen, dieser einzigartigen Welt, die uns alle
umgibt und leben lässt. Diese Liebe ist etwas, das einem – wenn
man Glück hat – in der frühen Kindheit als kleines, zerbrechli-
ches Pflänzchen geschenkt wird und das man sein ganzes Leben
lang sorgsam und umsichtig pflegen muss, damit es nicht ver-
kümmert und eingeht.«[25]

Schaut man auf die Zahlen aus dem Jahr 2019, bestätigen
sich die Eindrücke von Gerald Hüther, auch wenn diese schon
über zwanzig Jahre alt sind. Die Drogenaffinitätsstudie zeigt
für das Jahr 2019, dass etwa jeder zehnte 12- bis 17-jährige
Jugendliche (10,6 %) schon einmal eine illegale Droge konsumiert hat. Von den jungen Erwachsenen im Alter von 18
bis 25 Jahren hat fast die Hälfte (47,2 %) schon einmal eine
illegale Droge konsumiert.

Auch wenn der Alkoholkonsum unter jungen Menschen
kontinuierlich abnimmt, ist trotzdem die Suchtstatistik
alarmierend: Rauschtrinken ist gerade unter Jugendlichen
verbreitet. Wie das Statistische Bundesamt (Destatis) mitteilt,
wurden in Deutschland im Jahr 2019 rund 14.500 Kinder und
Jugendliche von 10 bis unter 18 Jahren wegen akuten Alko-
holmissbrauchs stationär in einem Krankenhaus behandelt.
Zum Vergleich: In der Altersgruppe der 20- bis unter 25-Jähri-
gen waren es im selben Jahr 8.800 Fälle.

Die Zahlen offenbaren: Es gibt bei nicht wenigen jungen Menschen verschiedene Formen der Verdrängung vor der Wirklichkeit des Lebens. Dabei werden die Zahlen, die in den kommenden Jahren ermittelt werden, wohl noch herausfordernder. Die Erfahrung einer Gefährdung des Lebens durch eine Pandemie; das Wissen darum, dass uns die ökologische Frage bedrängt, wie nie zuvor und seit Februar 2022 die Erfahrung, dass Krieg in Europa wieder möglich ist und unser aller Leben bedroht: all das führt zu Verunsicherung, Verzagtheit, Angst und Besorgnis. Die Konsequenzen daraus hat Gerald Hüther besonders für die Gruppe junger Menschen benannt: Suchterkrankungen, Kriminalität und oft verborgen und unentdeckt: die Erkrankung der Seele.

Es stimmt mich besonders nachdenklich, wenn ein großer Wissenschaftler mit seiner analytischen und diagnostischen Fähigkeit zu der Einstellung findet: Was uns weiterhilft ist nicht eine noch bessere Bildung, ist nicht eine noch intensivere begründete Ethik, ist nicht ein intakteres Schulsystem, sondern eine Bildung des Herzens. Gerald Hüther meint: Wenn wir den Herausforderungen der Zeit begegnen wollen, wenn es uns gelingen soll, die fraglos immensen Veränderungen einer Gesellschaft in den Griff zu bekommen, dann müssen wir neu lieben lernen. Dazu braucht es Schulen der Liebe! Aber wie sieht eine Schule des Herzens aus?

»Ein neues Gebot gebe ich euch: Liebt einander, wie ich euch geliebt habe« (Joh 13,34).

Liebe bedeutet heute oft vielerlei. Es gibt wohl kein Wort, das eine solche Inflation in den letzten Jahren durchgemacht hat. Das Wort aus dem Johannesevangelium setzt einen konkreten Maßstab: Jesus ist der Grund, das Maß und das Ziel der Liebe. Das ist das Neue. Die Jünger sollen hier in der Spur Jesu gehen. Darin liegt keine Überforderung. Die Liebe ist kein Produkt, das die Jünger aus sich allein hervorbringen müssen. Sondern die Liebe der Jünger ist eine Antwort auf die Liebe, die die Gemeinschaft mit Jesus ihnen bereits ins Herz gelegt hat.

Also beginnt eine Bildung des Herzens nicht mit dem eigenen Tun, sondern zunächst mit dem Lassen. Mit dem Zulassen der Erinnerung, dass Jesus uns die Verheißung ins Herz legt: Gott liebt uns. Diese Liebe, seine Liebe ist uns ins Herz gelegt. Von Anfang an. Vom ersten Moment unseres Lebens tragen wir den göttlichen Atem der liebenden Annahme in uns. In diesem Vertrauen können wir auf die Menschen zugehen und selbst lieben mit einer Liebe, die in uns ist und die nicht von uns entstehen muss.

Es gibt Beispiele solcher Liebe. Beispiele, die einladen, das eigene Herz bilden zu lassen, in dem man sich treffen lässt von der Liebe, die von Gott ausgeht. Ein solches Beispiel erzählt Beda Müller von Pinchas Lapide (1922–1975), einem jüdischen Professor, der sich intensiv mit dem Neuen Testament beschäftigt hat:

»Professor Pinchas Lapide war zweimal als Referent bei unserer ›Neresheimer Werkwoche‹ im Benediktinerkloster. Wir haben ihn gefragt, wie er dazu gekommen sei, als Jude das Neue Testament zu studieren. Da erzählte er uns, dass er zeitweise im diplomatischen Dienst seines Landes Israel tätig gewesen sei, als Konsul in Mailand. Eines Tages wurde eine italienische Ordensfrau mit einem hohen italienischen Orden ausgezeichnet, weil sie während des Krieges politisch Verfolgten geholfen hatte.

Da auch Juden darunter waren, sei er als Vertreter Israels zu diesem Festakt eingeladen worden. Als er der Ordensfrau vorgestellt wurde, habe diese gesagt: ›Ich bin eine alte Frau und habe kein gutes Gedächtnis. Zu welcher Gruppe haben Sie gehört, zu den Kommunisten, den Juden oder zu den Faschisten?‹

Pinchas Lapide erklärte uns: ›Das hat mich umgeworfen! Dieser Frau sind die politischen Parteien und Auseinandersetzungen unwichtig. Ihr hat genügt, dass die Betreffenden aus weltanschaulichen Gründen verfolgt wurden, um ihnen zu helfen.

Da habe ich mich gefragt: Woher kommt diese Haltung? Und ich kam zum Ergebnis: Das kommt aus dem Neuen Testament. Daraufhin habe ich mich entschlossen, das Neue Testament zu studieren.‹«[26]

Unsere Welt braucht in unsicheren Zeiten eine Bildung der Herzen. Sie beginnt dort, wo Menschen sich in ihrer Suche nach einer authentischen Liebe an die Liebe Jesu zurückbinden. Das gibt Halt und immer wieder den Mut zum nächsten Schritt.

DIE HOFFNUNG JESU TEILEN

HOFFNUNG

Vor nahezu 30 Jahren hatte ich einen schweren Bandscheibenvorfall. Schmerzen ohne Ende. Nach einer langen Odyssee ärztlicher Behandlung und physiotherapeutischer Begleitung landete ich im Krankenhaus. Ich war nicht mehr in der Lage, einen Gottesdienst im wahrsten Sinne des Wortes »durchzustehen«. Die letzte Hoffnung war nun eine konservative Behandlung im Krankenhaus. Da lag ich nun, mit einem großen Würfel unter den Beinen, wie angekettet in meinem Bett. Das Einzige, was bisher half, waren Schmerztabletten. Von einer Operation war die Rede. Nicht ganz ungefährlich. Ich weiß noch heute, welche Gedanken mir durch den Kopf gingen. Wirst du wieder richtig laufen können? Was, wenn du ein Leben lang mit Schmerzen leben musst? Und sollte die OP schiefgehen, was dann? Ich weiß, dass ich mir die schlimmsten Szenarien gedanklich ausgemalt habe. Nach drei Tagen kam ein Krankenhausseelsorger. Er hatte gehört, dass ein »Kollege« auf der Station lag. Er grüßte freundlich, fragte nach dem Befinden und erkundigte sich nach meiner Aufgabe. Und dann kam der Hammersatz: »Sie wissen, warum Sie hier liegen, oder?« »Nicht wirklich!« »Nun, Sie lasten sich zu viel auf! Sie nehmen die Dinge zu ernst! Es liegt zu viel auf ihren Schultern!« Der Krankenhausseelsorger hatte es wohl gut gemeint. Er wollte mir sagen, dass ich aufpassen sollte. Etwas weniger arbeiten. Überforderungen haben oft auch körperliche Konsequenzen! Doch gleichzeitig fiel ich in ein tiefes emotionales Loch. Ich war also selbst schuld. Hätte ich mich mehr zurückgenommen, mal fünfe gerade sein lassen, dann würde ich jetzt nicht so erbärmlich hier liegen! Ich spüre noch heute, wie mich das runtergezogen hat. Eine andere Szene:

Ein junger Mann liegt mit einer Krebs-Diagnose ebenfalls auf der chirurgischen Station im Krankenhaus. Die Operation soll in den nächsten Tagen durchgeführt werden. Ich besuche den Kranken und wir unterhalten uns. Er spricht von seiner Angst und seiner Sorge. Da geht die Tür auf und ein gleichaltriger Verwandter betritt das Zimmer. Gleich ein lautes »Hallo«. »Na, was machst du denn hier!« Es dauert gar nicht lange und der neue Besucher erzählt fröhlich aus seinem Alltag, von seinen Begegnungen, von seinen Urlaubsplanungen ... Im Nu ist die Stimmung heiter. Sogar Witze werden erzählt. Die schwere Krankheit ist wie vergessen. Und schließlich: »Mach's gut Alter. Unkraut vergeht nicht! Gute Besserung. Du schaffst das!« Nach dem der Besucher das Zimmer wieder verlassen hat, verdunkelt sich von jetzt auf gleich das Gesicht des Kranken. Hoffnung kann man nicht einfach mit ein paar heiteren Erzählungen herbeizaubern. Im Gegenteil: Wer Hoffnung herbeireden will, vertreibt sie meistens.

Der Liedermacher Wolf Biermann, dem 1976 nach einem Konzert in der Bundesrepublik die Einreise in die DDR verboten wurde, erzählt einmal, wie eine Freundin, die Theologin Ricarda Horn, ihm berichtete, dass das von ihm gedichtete Lied »Ermutigung« einem Kranken gutgetan hat.

1966 schrieb sie ihre Erfahrung Wolf Biermann in einem Brief. Am Heiligabend singt der Chor in einem kirchlichen Krankenhaus. Der Chor kommt in einen Krankensaal, in dem ein junger Soldat liegt. Bei einem Unfall in der Nationalen Volks Armee waren ihm beide Beine amputiert worden. Der Chor singt gängige Weihnachtslieder. Das hält der Mann nicht aus. Er greift nach dem Bettgalgen, um sich aufzurichten. Er schreit: »Aufhören! Haut ab hier!« Der beinamputierte Soldat hält die frommen Lieder nicht aus. »Haut ab mit Eurem Christus. Meine Beine krieg' ich sowieso nicht wieder!« Der Chor hört auf zu singen. Alle schweigen peinlich berührt. Keiner wagt ein Wort zu sagen. Alle sind hilflos. Da geht die Briefschreiberin intuitiv zum Bett. Ihre Knie zittern. Ihre Stimme schwankt und will ihr kaum folgen. Doch sie traut sich und singt das Lied von der »Ermutigung« von Wolf Biermann.

>»Du lass dich nicht verhärten
>In dieser harten Zeit
>Die allzu hart sind, brechen
>Die allzu spitz sind, stechen
>Und brechen ab sogleich«

Mit aller Kraft singt sie weiter, obwohl sie zu hoch angestimmt hatte:

>»Du lass dich nicht verbittern
>In dieser bittren Zeit ...«

Sie kann den Mann nicht anschauen, fixiert eine Pralinenschachtel auf dem Bettschränkchen und singt weiter:

>›Du lass dich nicht erschrecken
>In dieser Schreckenszeit ...‹
>›Du lass dich nicht verbrauchen
>Gebrauche deine Zeit‹
>[...]
>Und als das Lied endlich zu Ende war, weinte der junge Mann und griff nach meiner Hand und sagte: ›Jetzt is jut.‹ Und sagte noch: ›Danke.‹ Und so hört die Geschichte auf. Schöne traurige Geschichte.«[27]

Zu unserem Leben gehört vieles, was nicht gut ist: Der Krieg, der immer irgendwo, so scheint es, auf der Welt wütet. Das persönliche Schicksal. Viele Menschen sorgen sich. Es gibt die Angst vor vielem, was wir nicht im Griff zu haben scheinen. Es gibt dazu die Angst, dass wir in dieser Herausforderung als Gesellschaft auseinanderfallen könnten.

Da kommt mir die alte Frage, die schon der Königsberger Philosoph Immanuel Kant (1724–1804) gestellt hat: »Was darf ich hoffen?« Hoffnung kann man jedenfalls nicht einfach herbeireden. Und Hoffnung lässt sich auch nicht einfach in Stunden der Ausweglosigkeit einreden. Hoffnung muss in mir selbst keimen können. Es geschieht meistens, wenn ich denen, die in Leid und Not gefangen sind, meine stille Nähe schenke. Manchmal geht es auch mit einem Lied, das man zu hoch anstimmt und darum etwas leiser singt. Denn Antwort auf die Hoffnungslosigkeit ist ganz und gar allein die Solidarität, das mitmenschliche Beieinanderbleiben. Wolf Biermann drückt das markanter aus:

> *»Wer Hoffnung predigt, tja, der lügt. Wer Hoffnung tötet, ist ein Schweinehund!«*

Eine solche Solidarität, die aushält und standhält und festhält finde ich in dem Mann aus Nazareth, von dem Paulus sagt:

> *»Er, Christus, ist unsere Hoffnung«* (1 Tim 1,1)!

WERDEN

Von März 2020 bis April 2023 hat uns das Corona-Virus gefangen genommen. In dieser Zeit haben viele Menschen durch die verschiedenen Lockdowns erhebliche Beeinträchtigungen hinnehmen müssen.

Ein solcher Eingriff in das gesellschaftliche Leben durch die gefährliche Pandemie war für fast alle Menschen etwas Neues und zuvor kaum Vorstellbares

So sei mir die Frage erlaubt: Gibt es etwas, was wir in dieser Zeit der Pandemie gelernt haben? Gibt es Haltungen und Erkenntnisse, die wir aus dieser Zeit mitnehmen können?

Für mich ergeben sich zwei Antworten:

Ich habe gelernt, wie verletzlich wir Menschen sind und dass diese Verletzlichkeit uns schnell sehr einsam machen kann.

Und ein Zweites: Es bleibt mir unvergessen, wie unsere Einsamkeit nach einem neuen Sinn ruft, nach einem Halt, der uns auch noch in der Einsamkeit des Todes umfängt und trägt.

In seinen Reden vor dem Europaparlament und dem Europarat hat Papst Franziskus bereits 2014 das Bild eines verletzten Europas gezeichnet. Er hat darauf hingewiesen, dass sich dieser Kontinent in einer vehementen Vertrauens- und Hoffnungskrise befindet. Auch das Christentum ist davon betroffen. Die Bedeutung des Christentums für die Menschen ist geschwächt. Das christliche Menschenbild trägt nicht mehr. Bislang unanfechtbare ethische Vorstellungen sind zur Frage geworden. Der Eindruck entsteht, als habe das Christentum den Menschen nur noch wenig zu sagen. Löst sich das Christentum auf? Oder ist es noch reformierbar?

Papst Franziskus erinnert daran, dass der jüdisch-christliche Glaube der Anwalt der Würde des Menschen ist. Allerdings einer Würde, die nicht nur individualistisch verstanden werden darf. Meine eigene Würde steht immer im Zusammenhang mit der Würde der Mitmenschen. Darum hat die Rede von der Würde des Menschen für den Papst Konsequenzen:

»Von der transzendenten Würde des Menschen zu sprechen,
bedeutet also, sich auf seine Natur zu berufen, auf seine an-
geborene Fähigkeit, Gut und Böse zu unterscheiden, auf jenen
»Kompass«, der in unsere Herzen eingeschrieben ist und den
Gott dem geschaffenen Universum eingeprägt hat. Vor allem be-
deutet es, den Menschen nicht als ein Absolutes zu betrachten,
sondern als ein relationales Wesen. Eine der Krankheiten, die ich
heute in Europa am meisten verbreitet sehe, ist die besondere
Einsamkeit dessen, der keine Bindungen hat. Das wird speziell
sichtbar bei den alten Menschen, die oft ihrem Schicksal über-
lassen sind, wie auch bei den Jugendlichen, die keine Bezugs-
punkte und keine Zukunfts-Chancen haben; es wird sichtbar bei
den vielen Armen, die unsere Städte bevölkern; es wird sichtbar
in dem verlorenen Blick der Migranten, die hiergekommen
sind, auf der Suche nach einer besseren Zukunft.«[28]

Der Papst erinnert: es gibt die »Krankheit der Bindungslosig-
keit«. Eine Würde des Menschen, ohne eine Bindung, ohne
eine Rückbindung an das Gemeinwohl zu denken, ist würde-
los. Die dadurch entstehende Einsamkeit des Menschen hat
sich durch verschiedene Haltungen erheblich verschärft. Der
Papst spricht das ungeschönt an: »hemmungsloser Konsumis-
mus«, »Verabsolutierung der Technik«, »Wegwerf-Kultur«,
»Ausbeutung der Schöpfung«. Der Mensch degradiert zu
einem Rädchen im Getriebe, das nur noch auf wirtschaftliche
Gewinnmaximierung hin orientiert ist. Die Gesetze des Mark-
tes lassen die Welt kalt und einsam werden.

In den letzten Jahren hat sich die Situation noch mehr verschärft. Die täglichen Bilder in den Medien von menschenver-
achtenden kriegerischen Auseinandersetzungen, die vielen
Naturkatastrophen, in denen Menschen schutzlos von einem

Moment auf den anderen dastehen, die schrecklichen Bilder von flüchtenden Menschen in einem bislang so nicht gekannten Ausmaß, offenbaren die Würdelosigkeit menschlicher Umstände weltweit.

Ja, wir mussten in den vergangenen Jahren lernen, wie einsam, hilfsbedürftig, ohnmächtig der Mensch werden kann.

Wie können wir trotz dieser Erfahrungen Hoffnung finden? Wie gelingt es uns, wieder zurückzufinden zu einem christlichen Menschenbild, das Kraft hat und neues Vertrauen im Miteinander möglich macht? Der Heilige Vater antwortete auf diese Fragen mit einem Bild:

> »Um diese Frage zu beantworten, gestatten Sie mir, auf ein Bild zurückzugreifen. Eine der berühmtesten Fresken Raffaels im Vatikan stellt die sogenannte Schule von Athen dar. In ihrem Mittelpunkt stehen Platon und Aristoteles. Der erste deutet mit dem Finger nach oben, zur Welt der Ideen, zum Himmel, könnten wir sagen; der zweite streckt die Hand nach vorne, auf den Betrachter zu, zur Erde, der konkreten Wirklichkeit. Das scheint mir ein Bild zu sein, das Europa und seine Geschichte gut beschreibt, die aus der fortwährenden Begegnung zwischen Himmel und Erde besteht, wobei der Himmel die Öffnung zum Transzendenten, zu Gott beschreibt, die den europäischen Menschen immer gekennzeichnet hat, und die Erde seine praktische und konkrete Fähigkeit darstellt, die Situationen und Probleme anzugehen.«[29]

Und dann fährt der Papst fort:

> »Die Zukunft Europas hängt von der Wiederentdeckung der lebendigen und untrennbaren Verknüpfung dieser beiden Ele-

mente ab. Ein Europa, das nicht mehr fähig ist, sich der transzen-
denten Dimension des Lebens zu öffnen, ist ein Europa, das in
Gefahr gerät, allmählich seine Seele zu verlieren und auch jenen
»humanistischen Geist«, den es doch liebt und verteidigt.«[30]

Für mich ist das Wort des Papstes eine wichtige Erinnerung in
einer Zeit der Wirrungen und Irrungen, in der die Verletzlichkeit und damit die Einsamkeit des Menschen besonders erfahrbar wird: Sich daran zu erinnern, wir bleiben und sind Menschen, die immer mit der Frage nach Gott leben. Das meint das
Wort »Transzendenz«! Sich dieser transzendenten Dimension
des Menschen zu öffnen, ist nicht nur eine Frage nach der
privaten Religiosität. Diese Öffnung für eine transzendente
Wirklichkeit hat immer eine soziale Dimension. Darum darf
die Frage nach Gott weder vergessen noch isoliert werden. Sie
gehört zusammen mit dem Zeigefinger, der auf das Leben der
Menschen zeigt. Gottesglaube führt immer in einen Kampf um
die Würde des Menschen. Gemeinschaft mit Gott ist immer
auf dem Weg zur Gemeinschaft mit den Menschen.

Wir haben erfahren, wie einsam wir Menschen werden
können. Doch wir haben vielleicht auch entdeckt, dass in der
Erfahrung der Einsamkeit des Menschen die Frage nach Gott
aufbricht.

Die Frage nach Gott neu zu entdecken, sie neu an sich
herankommen zu lassen, sie neu zu den Menschen zu tragen,
sie neu alltagstauglich zu beantworten, ja sie selbst immer
wieder neu für unsere Gesellschaft ins Gedächtnis zu rufen,
ist die Aufgabe einer jeden Christin, eines jeden Christen.

Dazu möchte ich Mut machen. Karl Barth (1886–1968),
der große evangelische Theologe der Gnade, bestärkt diese
Haltung:

»Gläubiger, todernster Vertreter eines Standpunktes kann der Christ nicht gut werden. Man ist ja auch nie ein Christ, man kann es nur immer wieder werden: am Abend jedes Tages ziemlich beschämt über sein Christentum von heute und am Morgen jedes neuen Tages zufrieden, dass man es noch einmal wagen darf – mit dem Trost, mit dem Nächsten, mit der Hoffnung, mit dem Ganzen. Die christliche Gemeinde ist sich einig darin, dass sie aus lauter Anfängern besteht – und dass eben das wahrhaft Gute ist: noch einmal klein zu werden, von vorne anzufangen und also gerade an keinem Punkt stehen zu bleiben. Das ist die Einigkeit des rechten Glaubens. Es handelt sich um Glauben, weil das alles an Jesus hängt, der es nun einmal allein fertigbringt, die Menschen zu solchen schlichten, aber fröhlichen Anfängern zu machen.«[31]

Gott gebe, dass wir aus dem Vergangenen lernen, und er gebe uns, dass wir fröhliche Anfänger bleiben, sodass wir das Neue in seinem Sinne gestalten.

FREIHEIT

Immer häufiger wurde in der Politik und in den Medien eine Frage zu Beginn der Corona-Pandemie kontrovers diskutiert: »Wieviel Freiheit dürfen wir nach sechs Wochen der Einschränkungen aufgrund der Corona-Pandemie wagen, um nicht erneut eine zweite heftige Ansteckungswelle auszulösen?«

Freiheit ist in unserer Gesellschaft ein Grundrecht. Aber wir wissen auch: Freiheit heißt nicht: Ich kann machen, was ich will. »Die Freiheit des einen endet dort, wo die Freiheit des anderen beginnt«, deutet ein kluges Wort. Die Wahrheit dieses Satzes bekamen wir unmissverständlich in der Corona-Pandemie zu spüren. Die Eingrenzungen unseres Alltags mit der Kontaktsperre waren kein einfacher Willkürakt, sondern bedeuteten eine Achtsamkeit, um sich selbst und andere Menschen vor Schaden zu bewahren.

In unserer Freiheit sind wir somit immer auch abhängig. Abhängig von einer Verantwortung, die das Leben der anderen im Blick behält und sich darum der Würde des anderen verpflichtet weiß.

Der evangelische Bibelwissenschaftler Gerd Theißen erzählt in der Zeitschrift ›Evangelische Theologie‹ folgende Anekdote:

> »*Als wir im Studium Schleiermacher lasen und zu verstehen versuchten, was ›schlechthinniges Abhängigkeitsgefühl‹ bedeutet, fragte der Dozent, ein Anhänger Karl Barths: ›Wer von Ihnen kann damit etwas anfangen? Wer kennt so etwas?‹ … Auf die Frage antwortet Theißen heute: ›Ich dachte daran, dass wir in unserem Leben von Unverfügbarem wie von Luft, Licht und Raum umgeben sind. Radikal unverfügbar ist unser eigenes Existieren: Wir können so wenig beeinflussen, dass wir existieren, wie, dass überhaupt etwas existiert. Unverfügbar sind Zeitpunkt und Ort unseres Lebens, unsere Eltern, unser Körper, mit dem wir zeitlebens verbunden sind. Unverfügbar – durch nichts zu ändern – ist alles, was in der Vergangenheit versinkt. Unverfügbar aber ist auch unser Existieren im Strom der Zeit, der uns dorthin treibt, wohin wir nicht wollen: in den Tod! … Von dieser unverfügbaren Tatsache des Seins spricht der Beginn des Johannesevangeliums. Er spricht davon nicht als einer Tatsache, die man dumpf hinnehmen muss, sondern bezeugt: Darin steckt ein ›Logos‹, ein Wort, das anspricht, ein Licht, das orientiert, ein Sinn, der motiviert.‹*«[32]

Ja, das kenne ich. Vieles kann ich in meinem Leben in Verantwortung gestalten. Aber ebenso gehört manches zu meiner Lebensgeschichte, was vorgegeben ist und was ich nicht ändern kann. Für das meiste bin ich sehr dankbar. Aber es gibt auch das, was nicht einfach anzunehmen ist: meine Begrenzungen, meine Schicksale, mein eigenes Versagen, dass nicht mehr rückgängig zu machen ist und vieles andere. Die Botschaft des Johannesevangeliums lässt mich vertrauen, dass mich Gott dennoch in diesem Unverfügbaren anspricht, seinen ›Logos‹, seinen Sinn in mein Leben hineinlegt und sein Wort an mich richtet.

Dieses Wort, das uns in das Licht der Freiheit führt, hat ein Gesicht: Jesus Christus. Im 10. Kapitel des Johannesevangeliums erläutert Jesus selbst mit einem Bild, wie er sich als Träger des Wortes Gottes versteht. Es ist ein Bild, das das Alte Testament allein für Gott reserviert. »Ich bin der gute Hirte!«

Vor einiger Zeit hat mir ein Pfarrer bei seinem Besuch anlässlich der Versetzung in den Ruhestand gesagt: »Es gibt eine Frage, die wir heute den Menschen als Kirche beantworten müssen. Diese Frage lautet: Was fehlt eigentlich einem Menschen, wenn er nicht an Gott glaubt?«

Ich kann auf diese Frage nur persönlich antworten: Ohne Gott würde mir eine »begründbare Hoffnung« für mein Leben fehlen. Im Glauben an Gott hat das Leben immer eine Perspektive. Das hat dann Konsequenzen für mein Kirchenbild. Sie ist eine Gemeinschaft von Menschen, die aus dieser Hoffnung lebt und sie unter die Menschen trägt.

Das Bild vom Guten Hirten, das Jesus im Johannesevangelium auf sich hin anwendet, bestärkt und führt mich tiefer in diese Hoffnung.

Jesus sagt:

»Ich bin der gute Hirt; ich kenne die Meinen und die Meinen kennen mich, wie mich der Vater kennt und ich den Vater kenne; und ich gebe mein Leben hin für die Schafe« (Joh 10,14–15).

In Jesus wird sichtbar, wie Gott es mit uns meint: Er kennt uns. Es liegt ihm an uns. Unsere Namen, unsere ganze Biografie trägt er wohlwollend in seinem Herzen. Darum zu wissen, führt in eine neue Freiheit. Dadurch bekommt das Leben den eigentlichen Wert, eine neue Tiefe und eine nicht mehr auszuradierende Zukunft. In allem Unverfügbaren bleibt so eine Hoffnung, die den Kopf nicht in den Sand stecken lässt, egal, ob wir jung oder hochbetagt, erfolgreich oder ein Pechvogel, unbefangen oder durch tiefe Verletzungen gezeichnet sind.

Doch es ist so, dass man Hoffnung nicht verordnen kann. Zuversicht kann man einem Menschen nicht einfach »ein-reden«. Vertrauen, das eine innere Freiheit schenkt, lässt sich nicht erzwingen.

Die Psychotherapie lehrt: Nur wer die Angst zulässt, wer das Unverfügbare zwischen Geburt und Tod anschauen lernt, kann den Blick weiten. »There is a crack in everything. That's how the light gets in.« (»Da ist ein Riss in allem. So kommt das Licht herein«), singt Leonard Cohen.

Vielleicht lässt sich so in der »unverfügbaren Tatsache des Seins« das Licht entdecken, das uns in Jesu Wort aufgeleuchtet ist. Es ist dann das Licht, das uns in allem Unverfügbaren eine Freiheit des Herzens schenkt.

HIMMEL

Wer weiß etwas über den Himmel? Natürlich die Naturwissenschaftler.

Es ist mittlerweile unheimlich, was wir alles über den Himmel wissen. Wir fliegen zum Mars und setzen dort einen kleinen Hubschrauber ab, den wir dann von der aus Erde steuern können. Dabei fotografiert eine ferngesteuerte Kamera und sendet Bilder, die besser sind als die Bilder, die ich mit meiner ersten Kamera Ende der 60er Jahren von meiner Familie geschossen habe.

Wir wissen etwas über schwarze Löcher im Himmel, über unheimliche Zusammenballungen von Energien. Wir wissen etwas über die Weite des Kosmos. Wir wissen, dass die Galaxien auseinanderdriften in großer Geschwindigkeit und wir können mittlerweile die Millionen Jahre messen, die das Licht alt ist, wenn es uns aus dem All als ein kleiner Stern am Horizont ins Auge fällt. Wir wissen, dass der Himmel eigentlich schwarz ist und nur die Brechung des Sonnenlichtes in unserer einmaligen Atmosphäre das blaue Licht über uns bewirkt.

Wir wissen sehr viel vom Himmel. Wir nutzen ihn für unsere Orientierung auf der Erde und doch: Wenn wir in die Weite des Himmels schauen, ahnen wir, wie viel wir noch nicht wissen.

Wer weiß etwas über den Himmel? Vielleicht wissen die Liebenden noch mehr über den Himmel als die Naturwissenschaftler.

Es ist doch interessant, dass sich die Liebenden immer, wie im »Himmel« fühlen. Wer liebt, verliert die Erdenschwere. Gefühle wie im siebten Himmel. Und doch will der Liebende auf der Erde bleiben. In der Liebe verliert die Erde nicht den Reiz fürs Leben, doch gleichzeitig entrückt die Liebe in eine andere Welt. Wir wollen uns hier und jetzt treffen, gleichzeitig verlieren wir in der Liebe die Zeit und ahnen etwas von einer ganz anderen Wirklichkeit, die wir Gott nennen. Darum verstehen junge Eltern meistens etwas mehr vom Himmel. Besonders, wenn sie in die Augen ihres Neugeborenen schauen. Ein Geschenk des Himmels, sagen sie. Ein Wunder. Eine Gabe Gottes. »Deodatus«. Von Gott gegeben. Kinder sind Grenzgänger der Transzendenz. Sie kommen aus dem Himmel. Sie sind nicht nur Produkt. Sie sind Geschenk. So wie sie sind, haben sie noch »den Sand des Himmels« in ihren Augen.

Wer weiß etwas über den Himmel zu sagen? Natürlich die Bibel!

Sie weiß etwas vom Himmel, weil sie etwas von Gott weiß. Schon auf der ersten Seite der Bibel steht: Gott schaffte Himmel und Erde. Gott ist der Schöpfer von Himmel und Erde. Gott lebt in einer Welt, die wir Himmel nennen. Aber diese seine Welt ist nicht undurchlässig. Immer wieder lässt Gott durch sein Wort den Menschen erfahren, dass sein Himmel sich bis auf die Erde neigt. Besonders abzulesen in Jesus Christus. Er ist der Himmelsbote per excellence. Er ist die Brücke zum Himmel, die sicher trägt. Seine Botschaft: Gott wartet im Himmel auf den Menschen. Ziel der ganzen Schöpfung ist die große Gemeinschaft des Himmels. Wie das sein wird, bringt Paulus in einer Kurzformel zum Ausdruck: »Gott ist alles in allem« (1 Kor 15,28)! Gott ist der Himmel. Im Himmel sein, bedeutet in Gott sein. Unsere Bilder der Kindheit, oben der Himmel und unten die Hölle sind keine biblischen Bilder. Viel zu einfach gedacht. Allzu menschlich kurzsichtig. Ihre Ursache war und ist bis heute oft eine folgenschwere Verwechselung: Nämlich die fatale Meinung, dass eine transzendente Drohkulisse den Menschen besser machen könnte. Eine solche Vorstellung ist der Bibel fremd. Sie lässt sich mit dem Gottesbild, dass Jesus verkündete, nicht vereinbaren. Jesus war sicher:

Wo Gott ist, ist der Himmel. Gott ist der Himmel. Darum ist der Himmel der Ort der Liebe. Der Ort, an dem nur noch die Liebe Raum hat. »Denn Gott ist die Liebe« (1 Joh 4,16). In dieser Liebe ankommen, in diese Liebe hineingenommen werden, bedeutet ganz in Gott eintauchen und damit im Himmel sein. Die Bibel erzählt: am Ende werden wir ganz in Gott sein oder wir werden nicht mehr sein. Es gibt nur noch einen denkbaren Grund aus dieser Verheißung herauszufallen und somit den Himmel zu verspielen. Es ist dann, wenn wir in freiem Willen zu diesem Geschenk Gottes nicht Ja sagen wollen. Nur, wer will das schon? Darum folgert der große Theologe Hans Urs von Balthasar: »Wir haben guten Grund zur Hoffnung, dass die Hölle leer ist.«

Wer weiß etwas über den Himmel? Eine vorletzte Antwort: Jesus und seine Kirche.

Mit Jesus hat der Himmel die Erde geküsst. Das ist die Wahrheit der Reich Gottes Botschaft. Das Reich Gottes ist nicht hier und es ist nicht dort: es ist mitten unter Euch, sagt Jesus (vgl. Lk 17,14–20). Wer den biblischen Himmel mit dem Navi oder den nautischen Kenntnissen orten will, hat nichts verstanden. Der Himmel ist überall dort, wo Jesus in dieser Welt zum Zuge kommt. Egal, ob bewusst oder unbewusst. Damit ist der Himmel immer dort, wo Seelsorge gelebt wird. Und wo Seelsorge gelebt wird, dort ist die Kirche Jesu Christi.

»Das Ziel einer jeglichen Seelsorge kann nur jenes sein, das Jesus selbst als Ziel seiner Mission gehabt hat, nämlich das

anbrechende Reich. Reich Gottes beginnt aber für Jesus nicht erst im Jenseits, sondern schon hier auf dieser Welt. Reich Gottes wächst dort, wo die Gerechtigkeit wächst, wo Friede und Solidarität entsteht, wo ein menschenwürdiges Leben für alle Menschen ermöglicht wird.«[33]

Also wo Friede, und Solidarität, wo menschenwürdiges Leben ermöglicht wird, dort berührt der Himmel die Erde. Dort wird Gott hier und jetzt erfahrbar. Dort bekommen wir einen Vorgeschmack, wie der Himmel ist und sein wird. Darum ist der Himmel der Erde nicht fremd. Darum sind wir dem Himmel hier auf Erden nicht fern. Wie die Luft, die wir atmen, ist der Himmel in uns. Und wo wir die Liebe leben, atmen wir bereits hier und jetzt den Odem des Himmels.

Wer weiß etwas über den Himmel? Eine letzte Antwort: Die Betenden.

Das kann dann so klingen:

»Herr, ich glaube, dass du der Lebendige bist und dass du uns ganz nahe bist. Berühre mich mit der Kraft deines Geistes. Belebe mich mit deiner Nähe und lass mich erfahren, dass du mich senden willst. Ich weiß, dass ich mein eigenes Heil nur finden kann, wenn ich mich von dir senden lasse. Mit dem Glauben der Jünger will ich mich dir hinhalten und vertrauen, dass deine Kraft mit mir geht. Lass mich immer wieder bei dir sein und von dir ausgehen. Nur so kann ich mitteilen, was du mir geben willst.«[34]

Wer so oder ähnlich betet, weiß etwas über den Himmel und vor allem: Er wird Anwalt des Himmels mitten in einer Freude über die Welt.

FRAGEN

Jesus erzählt ein eindrückliches Gleichnis, das im Lukasevangelium zu finden ist (Lk 18,9–14). Ein Pharisäer und ein Zöllner beten im Tempel. Der eine ganz vorne, der andere hinten. Die Sympathien sind klar verteilt.

Der Pharisäer mit seinem überzogenen Selbstvertrauen und der hochnäsigen Selbstüberschätzung, ist alles andere als ein einladendes Vorbild.

>*»Gott, ich danke dir, dass ich nicht wie die anderen Menschen bin, die Räuber, Betrüger, Ehebrecher oder auch wie dieser Zöllner dort. Ich faste zweimal in der Woche und gebe den zehnten Teil meines ganzen Einkommens« (Lk 18,11).*

Und der arme Zöllner, der ganz hinten auf Entfernung bleibt, berührt die Zuhörer und Zuhörerinnen mit seiner Demut und seiner ehrlichen Selbstwahrnehmung. »Gott, sei mir Sünder gnädig!«

Da sind die Frontlinien klar gezogen: Der eine, der Pharisäer, verliert in den Augen Jesu aufgrund seiner Überheblichkeit vor Gott, und der andere, der Zöllner, wird gerechtfertigt, weil er sich vor Gott erniedrigt hat.

Dennoch stellen sich für mich Fragen: Darf man Gott nicht sagen, wenn etwas gut im Leben läuft? Wenn einem auch im geistlichen Leben etwas gelungen ist? So wie dieser Pharisäer, der mehr fastet und mehr der Gemeinde an Abgaben entrichtet als er eigentlich müsste? Darf es vor Gott nicht auch so etwas wie einen Stolz geben, wenn man Gutes getan hat und seine eigenen Vorsätze erfüllen konnte? Tu Gutes und rede darüber, sagen wir.

Und ist wahres, aufrichtiges Gebet immer mit Erniedrigung verbunden? Muss man sich vor Gott im Gebet immer zuallererst an die Brust klopfen und bekennen, dass man ein reuiger Sünder ist? Will Gott uns immer klein haben? Demütig und selbstverzweifelt?

Sie spüren: Eine solche Haltung ist gefährlich und kann schnell in eine Selbstverleugnung führen, die wahrlich nicht gesund ist und darum auch von Gott nicht gewollt sein kann.

»Eine Karikatur des für bekannte Zeitungen und Illustrierte arbeitenden Martin Perscheid zeigt eine Straße mit einer grünen, menschenleeren Wiese. Daran vorbei führt eine Landstraße. Zwei Telegraphenmasten auf der linken Seite. In den vorderen Mast ist ein Auto gerast. Totalschaden. Der Fahrer wurde durch die Windschutzscheibe geschleudert und hängt mit einem Arm über der, nach oben gedrückten, Motorhaube. Im oberen Teil des Bildes ist auf einer Wolke der Oberkörper einer Figur zu erkennen. Langer weißer Bart und Strahlenkranz lassen vermuten, dass es sich dabei um Gott handelt. Doch dieser Gott trägt einen Joystick in seinen Händen, wie er von Computerspielen bekannt ist, um die virtuellen Figuren im Spiel bewegen und Aktionen auslösen zu können. Durch große Brillengläser, die keine Augen erkennen lassen, blickt er auf den Unfall herab. In einer Sprechblase kommentiert er das Geschehen mit einem Kraftausdruck, der mit ›Sch‹ beginnt und den man im göttlichen Sprachgebrauch nicht vermutet hätte...

Dieser Cartoon fragt mit bitterböser Satire an, wie weit es mit dem Leben her ist, das wir aus Gottes Gestaltungskraft führen. Spielt dieser Gott möglicherweise nur ein Spiel mit seinen Geschöpfen? Ihm unterlaufen doch auch ab und an Fehler mit der Schöpfung ...

›Ist etwa unser Herr nicht ganz allmächtig?‹, fragt Heinrich Heine im Eröffnungsgedicht seiner elfteiligen Folge ›Zum Lazarus‹. Diese entstand 1854, zwei Jahre vor seinem Tod. Seit Mai 1848 litt Heine an einer damals als Rückenmarkschwindsucht bezeichneten Krankheit, die ihn zur Bettlägerigkeit in seiner ›Matratzengruft‹ – wie er es in einem Brief nannte – zwang und eine fortschreitende Lähmung von Augenlidern, Händen, Füßen und Beinen nach sich zog. ›Oder‹, vermutet er weiter, ›treibt er selbst den Unfug?‹[35]

Das ist, wie gesagt, bitterböse Satire. Doch ich frage vorsichtig: Kann man sie nicht auch verstehen? Kann man nicht verstehen, wenn Menschen so fragen, die verzweifelt von dem manchmal abgrundtiefen Leid dieser Welt getroffen sind? Was denken manche Menschen, wenn in Kiew, Cherson oder Charkiw, die Dächer über ihren Köpfen mit iranischen »Kamikaze-Drohnen« weggeschossen werden? Wie rufen die Frauen nach Gott in den ostukrainischen Gebieten, die von den Soldaten vergewaltigt worden sind und deren Männer umgebracht wurden? Wie gehen wir mit den Bildern der schrecklichen Not in Israel und Palästina um, die Menschen angesichts des Krieges dort tagtäglich erfahren? Was empfinden wir angesichts der Schreckensbilder grausamer Naturkatastrophen, die über Menschen schrecklich hinwegfegen, die bereits vielfach schon zuvor in bedrängenden Verhältnissen leben? Was machen die Bilder der grausamen Gewalt und Zerstörung in Israel und Palästina mit uns, Bilder aus jenem Land, wo doch »Milch und Honig« fließen sollte?

Wie denken wir unter diesen Eindrücken von Gott? Ist er einer, der mit einem Joystick unser Lebensschicksal bestimmt, indem er mit uns spielt? Oder ist er einer, den wir mit Fasten,

Geldspenden, Gebeten und Frömmigkeitsübungen manipulieren können?

Ich will das Fragen nicht auf die Spitze treiben. Jesus warnt selbst davor. Immer wieder warnt er davor, dass wir Gott verstehbar machen wollen. Immer wieder warnt er davor, dass man Gott zu einem innerweltlichen Handelspartner degradiert. Dafür steht der Pharisäer mit seiner anfragbaren Haltung.

Positiv gesagt: Für Jesus ist Gott groß. Groß an Barmherzigkeit. Groß an Liebe. Groß an Zuwendung. Gleichzeitig bleibt er Geheimnis. Er ist der Ursprung allen Lebens. Auch meines Lebens. Tag für Tag neu.

Dadurch wird er für mich nicht in allem verstehbar. Dadurch verhindert er nicht, dass es in meinem Leben auch Leid, Schweres, Nicht-Verstehbares gibt. Aber er bleibt der Horizont meines Lebens, eine letzte Antwort, deren Sinn und Tiefe mir einmal durch ihn selbst erschlossen werden wird.

Das lerne ich immer wieder aufs Neue, ganz vorsichtig und kleinmütig zu glauben, wenn ich an der Seite Jesu bleibe.

Der von mir sehr geschätzte Münsteraner Theologe Johann Baptist Metz hat einem Freund von mir in eines seiner Bücher einmal eine berührende Widmung geschrieben:

»Trotzdem: Sursum corda!« Übersetzt: »Trotzdem: Erhebet die Herzen!«

Das ist das wahre Gebet: In allem Leid, in allem Fragen, in aller Erfahrung der eigenen Sünde, in aller Hinfälligkeit, selbst in der Stunde des Todes: »Trotzdem: Sursum corda. Erhebet die Herzen.«

Aufgrund dieses »Trotzdem«, preist Jesus den Zöllner selig.

DIE NACHFOLGE JESU WAGEN

KOMM

Die Geschichte vom »Gang Jesu über den See« (Mt 14,22–36) ist eine berührende und spannende Geschichte. Kinder hören sie immer wieder gern. Viele Erwachsene kennen sie. Aber auch manche Karikatur bringt die Schwierigkeit dieser Erzählung zum Ausdruck. Ich erinnere mich an ein Bild, wo der kleine Jesus von Maria in einer Badewanne gebadet werden soll. Jesus steht auf dem Wasser. Maria zeigt sich ärgerlich, weist mit dem Zeigefinger nach unten und gebietet dem kleinen Jesus, der sich vor dem Wasser scheut, nicht so ein Theater zu machen.

Natürlich hat die Erzählung eine andere Tiefe: Tragen die Wogen des Lebens, die oftmals über uns zusammenschlagen? Trägt das Fundament unseres Daseins, das sich so oft als brüchig erweist? Werden wir letztlich nicht in ein Chaos hineingezogen, das Leben vernichtet?

So denken vielleicht viele, die von einer schweren Krankheit getroffen sind oder die einen verstorbenen Angehörigen in schrecklicher Trauer verloren haben. Und so werden wohl auch die Menschen in den vielen Kriegsgebieten dieser Erde fühlen, die, verursacht durch boshaftes Machtdenken, in Armut, Hunger und Tod gestoßen werden und in der Zerstörung nicht nur ihr Hab und Gut verlieren, sondern auch in ihren Seelen zutiefst traumatisiert werden.

Solche Menschen fragen zu Recht: Trägt unser Leben? Stimmt es, dass da nur einer sagen muss »Komm!« und dann kann man über alle Untiefen des Alltags hinwegschreiten? Wem kann man bei all dem Dunkel und all dem Leid vertrauen?

Es lohnt sich, bei der Beantwortung dieser Fragen noch einmal näher hin auf das Bild zu schauen, dass der Evangelist Matthäus uns malt.

Jesus zieht sich zurück. Er betet auf dem Berg. Die Jünger fahren über den See. Da bricht ein Sturm los. Das Boot wird hin- und hergerissen. Die Wellen schlagen ins Boot. Nacktes Chaos macht die Jünger hilflos und ohnmächtig. Was ihnen dann entgegenkommt deuten sie als einen Geist, so unwirklich sind sie dem Schrecklichen ausgesetzt.

So ähnlich wird in der Heiligen Schrift auch eine andere Szene beschrieben. Gleich auf der ersten Seite der Bibel. Da heißt es:

»Die Erde war wüst und wirr und Finsternis lag über der Urflut und Gottes Geist schwebte über dem Wasser« (Gen 1,2).

Im Hebräischen steht das Wort »Tohuwabohu«. Es bezeichnet das heillose Durcheinander. Es ist ein anderes Wort für Chaos. Am Anfang war das Chaos, so ließe sich der erste hebräische Satz der Bibel auch übersetzen. Aber nicht nur Chaos. »Gottes Geist schwebte über dem Wasser!«

Und dann heißt es immer wieder neu: Gott sprach. Und indem er spricht, ordnet er. Er schafft Land und Meer, Licht und Dunkel, Trockenheit und Regen, Vögel und Tiere. Zuguterletzt schafft er den Menschen.

Der jüdisch-christliche Glaube erinnert immer wieder daran: Gott ist der Schöpfer. Aus ihm heraus geht alles hervor. Alles, was ist, hat in ihm seinen Ursprung. Dieser Gott bleibt sich selbst treu. Darum verliert er den Menschen, für den er die Ordnung der Schöpfung geschaffen hat, nicht aus dem

Blick. Darum betet der Psalmist: »Durch das Meer ging dein Weg, dein Pfad durch gewaltige Wasser« (Ps 77,20)! Hiob betet in seinem Elend auf diesen Schöpfergott vertrauend: »Er schreitet einher auf den Höhen des Meeres (Ijob 9,8)«!

Kann man daran glauben?

Der Atheist antwortet: Nein! Aber er muss sich Fragen gefallen lassen. Fragen, die für die, die nicht glauben, ohne Antwort bleiben.

Es sind die »ewigen Fragen«, die sich nicht nur an den Grenzen, sondern mitten im persönlichen und gesellschaftlichen Leben stellen:

>*»Was können wir wissen? Warum gibt es überhaupt etwas? Warum ist nie nichts? Woher kommt der Mensch und wohin geht er? Warum ist die Welt, wie sie ist? Was ist der letzte Grund und Sinn aller Wirklichkeit?*
>
>*Was sollen wir tun? Warum tun wir, was wir tun? Warum und wem sind wir letztlich verantwortlich? Was verdient schlechthinnige Verachtung, was Liebe? Was ist der Sinn von Treue und Freundschaft, aber auch der von Leid und Schuld? Was ist für den Menschen entscheidend?*
>
>*Was dürfen wir hoffen? Wozu sind wir auf Erden? Was soll das Ganze? Gibt es etwas, was uns in aller Nichtigkeit trägt, was uns nie verzweifeln lässt? Ein Beständiges in allem Wandel, ein Unbedingtes in allem Bedingten? Ein Absolutes bei der überall erfahrenen Relativität? Was bleibt uns: der Tod, der am Ende alles sinnlos macht? Was soll uns Mut zum Leben und was Mut zum Sterben geben?*
>
>*Wahrhaftig, all dies sind Fragen, die aufs Ganze gehen: Fragen nicht nur für Sterbende, sondern für Lebende. Nicht nur für*

Schwächlinge und Uniformierte, sondern gerade für Informierte
und Engagierte. Nicht Ausflüchte vor dem Handeln, sondern An-
reiz zum Handeln. All dies sind Fragen, die im Atheismus zutiefst
unbeantwortet bleiben.«[36]

Wer aber Ja sagen kann zu einem Gott, zu dem Gott, der
Kreativität und Macht hatte, alles ins Dasein zu rufen, der
oder die beginnt weiterzudenken, besser: weiter zu vertrauen, dass Gott in dieser unvollkommenen Schöpfung am
Werk bleibt, um sie zu vollenden. Gottesglaube wird so zum
Grundvertrauen, dass Gott auch in allem Unfertigen und in
allem Zerrissenen, in allen Abbrüchen und in allem Tod noch
der Schöpfergott bleibt, um zu vollenden.

Wenn ich mich so in allem Haltlosen für einen Ur-Halt, in
allem Ziellosen für ein Grundziel, in aller Ohnmacht doch für
eine Macht entscheide, dann habe ich Grund, in aller Zwie-
spältigkeit an der Einheit, in aller Hilflosigkeit an einen Bei-
stand, in aller Sinnlosigkeit an einem Sinn festzuhalten.

»Komm!«, sagt Jesus zu Petrus. Dieses »Komm« gilt auch
uns. Jesus ist die Hand, die uns hilft Ja zu sagen zu diesem
Gott.

»Ja zu sagen, dass bei aller Ungewissheit und Ungesichert-
heit, Verlassenheit, … und Bedrohtheit, … und Endlichkeit auch
meines eigenen Daseins mir vom Schöpfergott her eine radikale
Gewissheit, Geborgenheit und Beständigkeit geschenkt wird –
geschenkt«.[37]

Wenn Jesus uns sein »Komm!« zuruft, dann, damit wir dieser
letzten Geborgenheit Vertrauen schenken.

MAN MUSS AUCH MAL NEIN SAGEN!

Es gibt Einstellungen zum Leben, die tun nicht nur gut! Zum Beispiel: Nur der Stärkere kommt durch!

Es gibt eine innere Ausrichtung des Lebens, die hat etwas Zerstörerisches! Zum Beispiel: Geld regiert die Welt.

Es gibt Ziele, die verhindern Leben! Zum Beispiel: Ich muss immer besser sein als die anderen.

Es gibt eine Haltung den Mitmenschen gegenüber, die zerstört alle Gemeinschaft. Zum Beispiel: Konkurrenz belebt das Geschäft.

Wer immer nur der Erste sein will, wer seine Beziehungen nur nach dem Gewinn von Euro und Cent bemisst, wer seinen Mitmenschen stets als Gegner erfährt, wer glaubt, das Gelingen des Lebens sei nur eine Angelegenheit der eigenen Leistung, verarmt und vereinsamt und verliert das Leben.

Darum: man muss auch mal Nein sagen!

Der Franziskanerpater Anton Rotzetter hat aus dieser Haltung einmal ein Gebet geschrieben:

Nein möchte ich sagen mit Dir

»Nein
möchte ich sagen mit Dir
mein Gott
zu allem, was lähmt
zu allem, was krank und depressiv macht.
Gib mir
Kraft
mein Gott
dass ich nein sage
zu allem, was blind macht

zu allem, was die Sprache verschlägt

Nein

möchte ich sagen mit Dir

mein Gott

zu allem, was zerstört

zu allem, was Angst macht

Gib mir

Kraft

mein Gott,

dass ich nein sage

zu allem, was trennt

zu allem, was schwächt

Nein möchte ich sagen mit Dir

mein Gott

zu allem, was blendet

zu allem, was knechtet

Gib mir

Kraft

mein Gott

dass ich nein sage

zu allem, was tödlich ist

zu allem, was verwundet

Übersetze

mein Gott

Dein Nein in die Sprache meiner Tat

und

lass durch dieses Nein

Dein Ja hörbar werden

mir und aller Welt.«[38]

Man muss auch mal Nein sagen, um zum Ja Gottes vorzu-
stoßen.

Mit dieser Einstellung treten die Pharisäer und Schriftgelehrten auf. Sie waren überzeugt: Gott hatte sich ein Volk
auserwählt, damit die Menschen nach seinem Willen leben.
Darum sollte es keine Gewalt, keinen Unfrieden, keine Ungerechtigkeit, keinen Betrug geben. Ihre Mühe bestand darin,
ein Leben ohne Fehl und Tadel zu führen. Dazu gehörte auch,
den Umgang mit Sündern zu vermeiden. Es gab sogar solche
unter ihnen, die die Absonderung von bösen Menschen so
weit trieben, dass sie eine eigene Siedlung bildeten, um ganz
unter den Gottesfürchtigen leben zu können.

»Man muss eben auch mal Nein sagen können!« Nein
zum Bösen, nein zur Gottvergessenheit, nein zu einem Leben
der Ausbeutung und Menschenverachtung.

Allerdings birgt dieses Nein eine Gefahr: Es kann schnell
zu einer Haltung werden, in der sich dabei auch ein Nein zu
Gott ausbildet. Das geschieht immer dann, wenn das Nein
zum Bösen in Hochmut umschlägt: »Ich bin doch besser als
die anderen.« Das ist immer dann, wenn das Nein zur Ungerechtigkeit in die Überheblichkeit führt: »Ich weiß es besser!«
Das ist immer dann, wenn das Nein zur Gottvergessenheit
in Selbstsicherheit umschlägt: »Ich bin sicher und weiß, was
Gott will.«

Jesus ist in allererster Linie kein Sozialarbeiter und kein So-
zialromantiker. Er ist einer, der Nein sagt zur Sünde, Nein sagt
zu allem Unmenschlichen, Nein sagt zu jeder Ungerechtigkeit.
Aber in dieser Klarheit sagt er Ja zu allen, die nach Gott suchen. Er sagt Ja zu allen, die sich nach Barmherzigkeit sehnen.
Jesus, Abbild Gottes, ist der gute Hirte, der Menschen mit
dem Ja Gottes in Berührung bringt, damit sie sich neu in die
Gemeinschaft derer eingegliedert fühlen, die das Ja Gottes
zur Welt und zum Menschen neu leben wollen.

Darum isst Jesus mit den Sündern und Zöllnern. Seine Kontaktaufnahme mit den sonst Gemiedenen hat ein Ziel: Ihre Seele unter dem Ja Gottes gesunden zu lassen. »Nicht die Gesunden brauchen den Arzt, sondern die Kranken« (Mt 9,12)! Darum beruft er den Matthäus. Das ist keine Bagatelle und einfache Randbemerkung. Später wird im Evangelium sein Name in die Liste der Zwölf aufgenommen sein. Jesus beruft zwölf Männer in seine unmittelbare Nähe. Das ist nicht eine amorphe, nur zufällig so zusammengewürfelte Gruppe. Diese Zahl Zwölf ist so wichtig, dass man sie nach dem Verrat des Judas noch einmal durch die Nachwahl des Matthias ergänzt. Jesus wählt die Zwölf in Anlehnung an die Zwölf Stämme Israels. Durch die Bildung des Zwölferkreises stellt Jesus sich als der Stammvater des neuen Israel vor, als dessen Ursprung und Fundament die zwölf Männer eingesetzt sind. Dabei haben sie zwei Aufgaben, so ist es bei Markus nachzulesen: »damit sie bei ihm seien und damit er sie sende« (Mk 3,14)!

Die Zwölf Apostel sind ein Abbild des neuen Israels, ein Abbild der Kirche. Sie sind darin ein Symbol für uns, die wir Kirche Jesu Christi sein sollen. Damit ist auch unsere Aufgabe unmissverständlich umschrieben: Wir sollen Gemeinschaft mit Jesus haben, damit wir Gottes Ja zur Welt und zum Menschen annehmen lernen, und wir sollen uns senden lassen, auch dorthin, wo Menschen manchmal durch ein »Nein« in ihrer Welt oder in ihrer Beziehung zur Welt krank geworden sind. Christen bauen keine eigenen umfriedeten Ghettos, in denen sie ihre eigene heile Welt leben. Sie gehen hinaus mit Gottes Ja zum Leben und sie trauen diesem Ja zu, dass es den Menschen die Möglichkeit eines neuen Lebens erschließt.

Ja, man muss manchmal Nein sagen! In der Nachfolge Jesu gibt es ein doppeltes Nein: Ein Nein, das sich abschottet und sich nicht senden lässt. Und es gibt ein klares Nein gegenüber allem Zweifel, Gott könne mit seinem Ja der Barmherzigkeit die Menschen nicht verändern.

ERSCHRECKEN

»Wer noch nie über Jesus erschrocken ist, hat ihn noch nicht erfahren«,

so oder ähnlich lautet ein Wort von Karl Rahner.

Waren Sie schon einmal über Jesus erschrocken?

In der Geschichte der Sturmstillung, die der Evangelist Matthäus (Mt 14,22–33) erzählt, ist dreimal die Rede vom »Erschrecken« in der Begegnung mit Jesus.

Jesus zwingt die Jünger ins Boot zu steigen.

Da erschrecke ich das erste Mal. Das bin ich nicht gewohnt. Zuvor, bei der Speisung der Fünftausend war es genau andersherum. Da wollten die Jünger die Menschenmassen loswerden und von Jesus heißt es, dass er Mitleid mit ihnen hatte und sie darum im Gras lagern lässt, um sie zu sättigen.

Und dann lesen wir:

»Gleich darauf drängte er die Jünger, ins Boot zu steigen und an das andere Ufer vorauszufahren. Inzwischen wollte er die Leute nach Hause schicken. Nachdem er sie weggeschickt hatte, stieg er auf den Berg, um für sich allein zu beten« (Mt 14,22–23).

Ich erschrecke, mit welcher Entschiedenheit es Momente im Leben Jesu gibt, in denen er die Einsamkeit und das Gebet sucht. So wichtig ihm die Leute sind, aber genauso wichtig sind ihm die Momente in der tiefen Zweisamkeit mit Gott. Jesus ist kein Aktionist, kein pastoraler Geschäftlhuber. Alles, was sein Reden, Denken und Tun ausmachen, hat seine Wurzeln, hat seine Kraft in der lebendigen Beziehung mit Gott.

Das zweite Erschrecken im Text: Jesus kommt erst in der 4. Nachtwache. Das ist also in den Morgenstunden. Vielleicht zwischen 5 und 6 Uhr morgens. Der größte Teil der Nacht ist vorbei, die tiefste Dunkelheit ist überstanden. So lange ist Jesus eins mit dem Vater in der Stille des Gebetes und so lange dauern die Angst und die Not der Jünger, die mit der Frage konfrontiert werden, ob der Sturm sie nicht hinwegraffen wird.

Und dann gibt es noch das Erschrecken der Jünger und des Petrus in doppelter Hinsicht. Zuerst erschrecken die Jünger über die Begegnung mit dem, der über alle Wogen und Abgrundtiefen des Lebens gehen kann. Sie versuchen mit innerweltlichen Begründungen und Mitteln zu erklären, was da geschieht. Darum sagen sie: »Es ist ein Gespenst.« Dort, wo wir die Welt um uns nicht mehr erklären können, dort, wo wir mit dem Geheimnis und den Tiefenschichten des Lebens in Berührung kommen, versuchen wir zunächst unsere Erklärungen zu platzieren.

Petrus, das kennen wir aus anderen Szenen, ist immer der Stürmische. Er glaubt dem Wort des Herrn sofort. Jedenfalls äußerlich betrachtet. »Komm!« Und dann wieder Erschrecken: In dem Moment, als Petrus das Wasser mit den Wogen und dem stürmenden Wind wahrnimmt, verliert er den Boden unter den Füßen. Erst mit dem Blick in die Augen des Herrn, bekommt er Halt und Standfestigkeit. Es ist wie im schnellen Karussell: Wenn ich mich an einem Gegenstand beim schnellen Rotieren orientiere, der sich mit dreht, wird

mir nicht schwindelig. Erst wenn ich den Fixpunkt beim tur-
bulenten Drehen verliere, beginnt die Welt um mich herum
zusammenzustürzen und mir wird schwindelig.

In diesem Evangelium ist oft vom Erschrecken die Rede. Ich
will dieses Erschrecken an mich selbst herankommen lassen:

Es erschrickt mich die Konsequenz, mit der Jesus die Einkehr in Stille und Einsamkeit durch sein Tun für die Nachfolge
der Jünger, und das sind wir, qualifiziert. Dem Gebet ist nichts
vorzuziehen, sagt der Hl. Benedikt. Dieses Wort leitet sich aus
der Haltung Jesu ab und ist damit nicht nur eine Maxime für
Mönche oder fromme Ordensschwestern.

Es erschrickt mich, wie lange die Nacht der Ohnmacht in
der Nachfolge dauern kann. Es geht am Evangelium vorbei,
wenn wir glauben, in der Kirche müsse immer die Gloria-
Buchweizen-Stimmung herrschen. Der Kirche wird es nicht
anders ergehen als den Jüngern. Deshalb gehören zur Kirche
auch Ohnmachtserfahrungen. Erfahrungen, wo die Wellen
ins Boot schwappen und der Eindruck entsteht, wir seien den
Stürmen einer Welt und den Tornados der eigenen Unvollkommenheit wie ein Spielball ausgeliefert. Das Evangelium
macht uns nichts vor. Es gibt Übergangszeiten in der Kirche, in
denen geht uns auch schon einmal die Orientierung verloren.
Vielleicht gehören unsere momentanen kirchlichen Erfahrungen in dieses Erschrecken.

Es erschrickt mich aber auch, wie Jesus sich über die
schwindelerregenden Wogen hinwegsetzt und doch plötzlich
da sein kann, wo wir ihn überhaupt nicht vermuten.

Es erschrickt mich, wie wir selbst im Vertrauen auf ihn
doch noch zweifeln können und sich dabei wieder der Boden
unter unseren Füßen als wankend erweist.

Aber, es ist für mich noch mehr erschreckend, beschämend und berührend schön zugleich, wie uns der Herr immer wieder neu die Hand reicht und wie wir Ruhe und Halt finden, wenn wir ihm in die Augen schauen.

Der Ort, wo wir Jesus in die Augen schauen können, ist in jeder Feier der Eucharistie. Hier bete ich mit dem Apostel Thomas: »Mein Herr und mein Gott« (Joh 20,28)! Dieses Erschrecken über eine solche Nähe ist dann für mich immer verbunden mit dem tragenden Trost des Glaubens.

Oder man kann es auch anders sagen, so wie Karl Rahner:

> *»Wer noch nie über Jesus erschrocken ist, hat ihn noch nicht erfahren!«*

IHR ABER, FÜR WEN HALTET IHR MICH?

Bei Cäsarea Philippi fragt Jesus die Jünger:

> *»Für wen halten die Menschen den Menschensohn? Sie sagten: Die einen für Johannes den Täufer, andere für Elija, wieder andere für Jeremia oder sonst einen Propheten. Da sagte er zu ihnen: Ihr aber, für wen haltet ihr mich« (Mt 16,13–15)?*

Es gibt viele Gründe, warum Jesus eine solche Frage stellt.

»Ihr aber, für wen haltet ihr mich?« Die Urgemeinde hat diese Frage Jesu bewahrt, weil es immer wieder unsere Frage sein soll. Und die Antwort des Petrus: »Du bist der Messias, der Sohn des lebendigen Gottes!« soll uns bewegen, nach einer eigenen Antwort zu suchen.

Ich habe mir die Frage Jesu: »Für wen hältst du mich?«, immer wieder gestellt. In verschiedenen Begegnungen mit den Menschen, in Freude und Leid habe ich gefragt: »Hier und jetzt, für wen halte ich dich?« Ich will Sie an den Erfahrungen und Antworten teilhaben lassen.

Ich sitze im Rahmen der Visitation mit einem Pfarrgemeinderat zusammen. Wir reden über die Not, den Glauben in unserer Zeit an die Kinder, an eine nächste Generation, weiterzugeben. Wir sprechen über die vielen, die die Kirche an den Lebenswenden nur abrufen, weil sie etwas für das Gefühl brauchen. Kirche wird immer mehr in den Augen unserer Gesellschaft zu einer Institution, die im »Aggregatzustand eines Museums abgerufen wird«, dort, wo und wie es gerade gefällt! Kirche, die anscheinend ihren volkskirchlichen Charakter immer mehr verliert, aber noch lange nicht zu einer überzeugenden Entscheidungskirche gefunden hat.

Mitten in solchen Gesprächen fühle ich die Frage: »Ihr aber, für wen haltet ihr mich?«

Durch Jesus, den Messias, glaube ich, diese Kirche ist nicht sich selbst überlassen. Es ist nicht unsere Kirche. Es ist seine Kirche. Darum bin ich überzeugt, die Welt Gottes steht hinter der Gemeinschaft der Glaubenden, ja reicht mitten in sie hinein. Ich vertraue, Christus, der Grund der Kirche, verliert sie als Auferstandener und Lebendiger nicht aus dem Blick. Dadurch lerne ich immer wieder neu sein »unendliches, revolutionäres, nichts und niemanden auslassendes Ja« (Dorothee Sölle) nachzusprechen.

Ich werde von der Polizei morgens gebeten, die Todesnachricht einer jungen Verunfallten den Eltern mitzuteilen. Ich gehe mit. Vor dem Haus zittern mir die Knie. Was soll ich sagen?

Und wieder diese Frage: Für wen hältst du mich?

Ich glaube, die junge Frau lebt, weil sie durch Jesu Auferstehung Anteil am Leben hat. Ich kenne auf die Frage »warum?« keine Antwort, ich weiß, dass ich angesichts der Verzweiflung der Eltern keine angemessenen Worte finden kann. Aber im stillen Gebet fühle ich in mir die Antwort: Du, Gott, Du bist der, der mehr Leben hat als nur das begrenzte, manchmal so ungerecht schicksalsgeprägte Leben auf dieser Erde. Diese Antwort lässt mich das Schweigen aushalten. Diese Antwort kann meine Ohnmacht zulassen. Diese Antwort bewegt mich, das tragische Schicksal dieser Familie vor Gott fragend und wehrlos hinzuhalten.

Hinter uns liegt die Erfahrung einer dreijährigen Corona-Pandemie. Die Zahlen der Infizierten waren erschreckend hoch. Immer wieder habe ich in verschiedenen Kontexten erfahren, wie Menschen oberflächlicher wurden, den Sinn von Vorsichtmaßnahmen nicht verstanden oder nicht verstehen wollten. Hinweise und Ordnungen für ein verantwortetes Miteinander wurden von nicht wenigen in den Wind geschlagen.

Und auch in diesen Erfahrungen habe ich die Frage gestellt: »Du aber, für wen hältst du mich?«

Und ich antworte für mich: Es gibt nichts, was Jesus in seinem Leben so bedeutsam war, wie das Heil der Menschen. Dazu gehört auch die körperliche Gesundheit. Nicht nur, aber auch. Jesus geht es immer um den ganzen Menschen. Darum waren die Vorkehrungen und Schutzmaßnahmen nicht nur einfach die Befolgung staatlicher Anordnungen, sondern Ausdruck unserer Gottes- und Nächstenliebe. Abstand bedeutete Nähe und somit menschliche Zuwendung. Mund- und Nasenschutz waren Ausdruck dafür, dass mir an der Unversehrtheit meiner Mitmenschen liegt. Hygiene war nicht nur eine neue Reinlichkeitsmaxime, sondern verbunden mit der Wertschätzung, meine Mitmenschen nicht unnötig in Gefahr zu bringen. Alle diese Einstellungen entspringen für mich aus einer Haltung, die in Jesus den Anwalt des Lebens sieht und in ihm den erkennt, der an Gottes statt für das Leben der Menschen eintritt.

Papst Benedikt XVI. hat auf dem Weltjugendtag 2011 in Köln den Jugendlichen ins Herz gesprochen und daran erinnert, dass das Bekenntnis des Petrus, diese Anerkennung des Jesus von Nazareth als Christus, in eine verantwortliche liebende Beziehung zu Gott führen muss:

> »Wir wissen dagegen sehr wohl, dass wir als Freie erschaffen worden sind, nach dem Bild Gottes, und zwar damit wir Protagonisten auf der Suche nach der Wahrheit und nach dem Guten sind, verantwortlich für unser Handeln und nicht bloß blinde Vollstrecker; kreative Mitarbeiter bei der Aufgabe, das Werk der Schöpfung zu pflegen und zu verschönern. Gott wünscht sich einen verantwortlichen Partner, jemanden, der mit ihm sprechen und ihn lieben kann.«[39]

Dieses Sprechen mit Gott und die verantwortliche Partnerschaft mit ihm beginnen mit einem Bekenntnis, mit dem Bekenntnis, dass Gott in Jesus diese Erde berührt und somit zum Ort seiner Gegenwart gemacht hat. Das ist gemeint, wenn Petrus bekennt: »Du bist der Messias, der Sohn des lebendigen Gottes!«

Es gibt ein eindringliches Gebet von Roger Schutz, dem 2005 ermordeten Prior der Mönchsgemeinschaft von Taizé:

> »Du, o Christus, forderst mich unablässig heraus und fragst mich: ›Für wen hältst du mich?‹
> Du bist es, der mich liebt bis an das Leben, das ohne Ende ist.

... Du hast mich unablässig gesucht. Warum habe ich gezögert und mir Zeit erbeten, um mich um meine Angelegenheiten zu kümmern? ...

Und doch, obwohl ich dich nicht gesehen habe, habe ich dich geliebt.

Du hast mir wiederholt gesagt: ›Lebe das wenige, was du vom Evangelium begriffen hast. Verkünde mein Leben unter den Menschen. Entzünde ein Feuer auf der Erde. Komm und folge mir nach...‹ Und eines Tages habe ich begriffen: Du wolltest meinen unwiderruflichen Entschluss.«[40]

KREUZ TRAGEN

Die moderne Kunstausstellung »documenta« in Kassel hat im Jahr 2022 für erheblichen Gesprächsstoff gesorgt. Die Diskussion um das antisemitisch eingestufte Gemälde »People's Justice« der indonesischen Künstlergruppe Taring Padi kam nicht zur Ruhe. Es hatte zur Konsequenz, dass es schließlich abgedeckt und dann abgebaut wurde.

Was ist Kunst? Wo wird Kunst politisch und dann politisch so einseitig verletzend, dass dies die Bezeichnung Kunst nicht mehr verdient?

Als ich vor einigen Jahren die »documenta« besuchte, geleitete uns die Führerin zunächst zu einem älteren Kunstwerk. Sie nahm uns mit zum Bahnhof. Dort steht der Himmelsstürmer. Ein großes Stahlrohr ragt im Winkel von 45-Grad gen Himmel. Darauf ein Mensch. Eilend, mit kräftigen Schritten, die Arme nach vorn geworfen, geht er nach oben...

Jonathan Borowsky[41] hat dieses 25 Meter lange Stahlrohr mit dem Himmelstürmer für die »documenta 9« im Jahr 1992

geschaffen. Das war nach der Wende. Ja, jetzt sollte es auf-
wärtsgehen. Diese Hoffnung lebt in uns. Sie ist kaum klein zu
kriegen. Darum haben die Kasseler wohl auch dieses Kunstwerk nicht mehr abgebaut. Für damals 585.000 DM haben
sie es gekauft. So beliebt war es. Darum zeigt es die Führerin
durch die »documenta« bestimmt auch als Erstes.

»Es geht aufwärts …« Wer das sagen kann, steht auf der
positiven Seite des Lebens. Aber manchmal ist das, was wir
als aufwärts empfinden mit einem gewaltigen Rutsch nach
unten verbunden.

In unserem Lebensgefühl der letzten 70 Jahre nach dem
Zweiten Weltkrieg ging es wie bei einer Rolltreppe immer
nach oben. Alles wurde besser: unsere Wohnsituation, die
wirtschaftliche Situation, die Flexibilität des Lebens, unsere
Möglichkeiten, Urlaub zu machen, das Gesundheitssystem,
die Energieversorgung, die Arbeitsbedingungen, die Kapital-
anlagen… Ich muss, so denke ich, dies nicht weiter ausführen!

Aber, was ist dabei nicht alles auf der Strecke geblieben?
Wir haben die Erfüllung von Bedürfnissen bis ins Unendliche
getrieben. Und zugleich vieles dabei vielleicht verloren: einen
inneren Frieden, eine persönliche Stabilität des Lebens, das
Wissen um einen Sinn der Geschichte, ein Gefühl für Gemeinschaft und Zusammengehörigkeit, die Notwendigkeit, auch
der Seele Beachtung zu schenken, den wahrhaftigen Blick für
eine Bewahrung der Schöpfung …

Auch hier will ich nicht bis ins Unermessliche aufzählen.
Und ich will auch nicht behaupten, dass jeder und jede in
gleicher Weise von solchen Verlusten betroffen ist. Jeder und
jede möge selbst entscheiden.

»Wer nicht sein Kreuz trägt und mir nachfolgt, der kann
nicht mein Jünger sein« (Lk 14,27)!

Ein dunkles Wort Jesu? Oder tröstend? »Jeder hat sein eigenes Kreuz«, sagen wir oft. Davon können sicher viele ein Lied singen. Von den Kreuzen, die uns das Leben schwer machen, die eingrenzen und behindern, die den Mut rauben und die Hoffnung oft niederdrücken.

Doch: das Wort erinnert ja daran, dass Jesus, der wahre Himmelstürmer, sich zunächst durch das Kreuz niederdrücken ließ. Nicht weil er Spaß daran gehabt hätte.

»Weil es so kommen musste«, sagt die Schrift.

Nicht, weil Jesus einem dunklen Schicksal preisgegeben wäre. Nein, Jesus weiß, es gibt ein Muss in der Liebe. Er liebte Gott und den Menschen. Er war davon überzeugt, dass der Mensch in der Liebe zum Himmel gehört. Unsterblich und für immer.

Dabei ging für Jesus der Weg in den Himmel (und wir können immer sagen, der Weg in das wahre Leben hier und jetzt) nicht über Bankkonten und Börsensäle. Er ging nicht über die politischen Schaltzentralen oder die etablierten Kreise der Gesellschaft, sondern Leben wie im Himmel, das begann für ihn dort, wo er die Liebe vervielfachte, wo er mit ihr wucherte, wo er die Liebe einsetzte, koste es, was es wolle. Und dieser Weg begann für Jesus ganz unten: bei den Armen, Kranken, Verlassenen.

Das stieß auf Widerstand. Alles hat seine Grenzen. Aber Jesus hielt an der Liebe fest: Jesus mochte Gott und den Menschen leiden. Und dort, wo die Religionsführer seiner Zeit ihm diese Leidenschaft für Gott und den Menschen absprachen, konnte Jesus nicht anders, als an dieser Leidenschaft festzuhalten, auch dort, wo er dafür das Leiden selbst tragen muss. Seltsam, dass wir »leiden mögen« sagen, wenn wir von Liebe reden.

Vor dem Dom in Würzburg steht vor dem Seitenportal eine für mich immer wieder beeindruckende Bronzeplastik. Sie stammt von Max Walter und heißt »Kreuzschlepper«. Unzählige Kreuze sind ineinander verschachtelt. Sie lassen sich einzeln nicht auseinanderdividieren. Das eine Kreuz verwebt sich in ein anderes. Nimmt man dann aber von der Plastik Abstand, so kann man erkennen, dass diese vielen Kreuze ein einziges Kreuz darstellen. Aus der Distanz fällt dem Betrachter, der Betrachterin dann auch auf, dass unter der Last der vielen Kreuze, ein Mensch zusammengebrochen ist. Allerdings sein nach vorn gestreckter Arm und der nach oben angehobene Kopf lassen erahnen, dass er aufstehen will, um seinen Weg fortzusetzen.

Mein Kreuz ist verwoben mit seinem. »All Sünd' hat er getragen ...« Meine Unvollkommenheit, meine Behinderungen, meine Widerstände, die der Liebe nicht mehr trauen wollen und darum zu Kreuzen werden, sie sind hineingenommen in sein Kreuz.

Aus Liebe zu uns nimmt Jesus das Kreuz auf sich und leidet mit. Aber er geht darin nicht unter; er steht auf zu neuem, unvergänglichem Leben. Sein Kreuz sagt mir: »Du, Dich mag ich leiden.« Das gibt mir Mut, manchmal nur ganz zaghaft, doch mein Kreuz zu nehmen und es ihm hinterherzutragen. Weil sein Kreuz nach oben führt, immer ins Leben. Mit ihm werde ich, werden wir zu Himmelstürmern.

SUCHEN

Die Zeiten sind anders geworden. Viele Menschen fragen: Wohin führt uns jetzt in diesen so vielen Krisen der Welt der Weg?

Wir suchen nach Lösungen, wir suchen nach tragbaren politischen Optionen, wir suchen nach Halt und Nachhaltigkeit.

Der Schriftsteller und Lyriker Günter Kunert (1929–2019) spricht von dieser Grundbedürftigkeit des »Suchens« in einem Gedicht:

Ich bin ein Sucher

»Ich bin ein Sucher
Eines Weges.
Zu allem was mehr ist
Als Stoffwechsel
Blutkreislauf
Nahrungsaufnahme
Zellenzerfall.

Ich bin ein Sucher
Eines Weges
Der breiter ist
Als ich.

Nicht zu schmal.
Kein EinMannWeg.
Aber auch keine
Staubige, tausendmal
Überlaufene Bahn.

Ich bin ein Sucher
Eines Weges.
Sucher eines Weges
Für mehr
Als mich.«[42]

Wir Menschen suchen nach mehr. Nach einem Weg, der über uns hinausführt. Nach einem Weg, der nicht von unserem Kalkül allein bestimmt werden kann. Nach einem Weg, der die Weite kennt und doch zugleich nicht unübersichtlich wird. Nach einem Weg, der uns weder zu Individualisten macht noch in eine anonyme Masse verschwinden lässt. Wir suchen nach einem Weg, für mehr als mich allein.

Allerdings suchen ist keine angenehme und einladende menschliche Befindlichkeit. Suchen ist oft mühsam, anstrengend, Nerven aufreibend. Erinnern Sie sich einmal daran, als sie das letzte Mal den Haustürschlüssel oder das Portemonnaie gesucht haben? Wie gut ist es dann, wenn jemand hilft. In Gemeinschaft suchen entlastet und schafft mehr Aussicht auf Erfolg.

Jesus erzählt Gleichnisse von dem verlorenen Schaf, der verlorenen Drachme, dem verlorenen Sohn (Lk 15,1–32). Es ist wichtig, sich in Erinnerung zu rufen, wem er diese Gleichnisse erzählt und warum.

Im ersten Satz dieses Evangeliums heißt es:

»Alle Zöllner und Sünder kamen zu ihm, um ihn zu hören.«

Und dann der nächste Satz:

»Die Pharisäer und die Schriftgelehrten empörten sich darüber und sagten: Er gibt sich mit Sündern ab.«

Zöllner und Sünder sind suchende Menschen. Angesichts ihrer Lebensrisse und Lebensschicksale haben sie noch Fragen. Ihre Lebensbiografien sind verdunkelt und verworren, aber zugleich fragen und suchen sie nach einem Weg, der mehr ist als das, was sie bislang begangen haben. Und die Pharisäer und Schriftgelehrten? Sie gelten als Beispiel für die Menschen, die mehr Antworten als Fragen haben, die fertig sind mit ihrer Lebensplanung, die sich auf festen Gleisen gestellt wissen und die darum zu wissen meinen, wie das geht mit dem Leben.

So beschreibt Jesus zwei Menschengruppen. Allerdings ist dies noch nicht das Wesentliche seiner Botschaft. Diese liegt woanders:

Sie heißt: Gott sucht. Gott ist auf dem Weg zum Verlorenen. Gott bricht sich Bahn zu denen, die sich verloren und hilflos fühlen. Gott sucht den Suchenden. Damit der Suchende Gott findet, braucht es beim Menschen ein suchendes Herz.

Gott sucht den Suchenden! Eine rabbinische Geschichte weiß um diesen suchenden Gott:

»Als Rabbi Baruch älter wurde, wurde er ruhelos und launisch. Er kam sich überall fremd vor, selbst in seinem eigenen Haus. Entwurzelt und entfremdet, fühlte er sich in seinem Herrschaftsanspruch bedroht. Seine fixe Idee war: Alle Menschen sind Fremde in der Welt. Und auch Gott ist im Exil. Er wohnt als Fremder in seiner eigenen Schöpfung. Eines Tages sagte Reb Baruch zu seinen Schülern: ›Stellt euch einen Menschen vor, den man aus seiner Heimat vertrieben hat. Er kommt an einen Ort, wo er keine Freunde hat, keine Verwandten. Sitten und Sprache des Landes sind ihm nicht vertraut. Natürlich fühlt er sich allein, schrecklich allein. Plötzlich sieht er einen anderen Fremden, der auch niemanden kennt, an den er sich wenden könnte, der auch nicht weiß, wohin er gehen könnte.*

Die beiden Fremden treffen sich und lernen sich kennen. Sie unterhalten sich und gehen eine Zeit lang den Weg gemeinsam. Mit ein wenig Glück könnten sie sogar gute Freunde werden.‹

Das ist die Wahrheit über Gott und die Menschen: Zwei Fremde, die versuchen, Freundschaft zu schließen.«[43]

Gott sucht den Suchenden, um der Freundschaft willen.

Blaise Pascal (1623–1662), Mathematiker und christlicher Philosoph sagt einmal:

»Es gibt eigentlich nur zwei Arten vernünftiger Menschen, die den Namen Christen verdienen. Die einen, die Gott aus ganzem Herzen dienen, weil sie ihn kennen und die anderen, die ihn aus ganzem Herzen suchen.«[44]

Ich weiß nicht, zu welcher Gruppe Sie sich zählen. Vielleicht sind wir mal die einen, mal die anderen.

In dieser Zeit mit den unendlich vielen Fragen, wohl doch mehr die Suchenden. Dabei nimmt unsere Suche nicht nur die lebenspraktischen Fragen in den Blick.

Wir sind immer Suchende nach einem Weg, der mehr ist als wir selbst. Die Botschaft Jesu erinnert uns: Gott selbst sucht den Suchenden. Darum zu wissen, schenkt und führt in den Frieden, selbst wenn so viele Fragen offenbleiben.

JESU
»REICH-GOTTES-BOTSCHAFT« TEILEN

DAS NEIN IN EIN JA VERWANDELN

Es ist mir immer eine besondere Freude, wenn ich Erwachsene auf die Taufe vorbereiten kann. In der Regel bitte ich die Taufbewerber und Taufbewerberinnen ihre Fragen mitzubringen, die dann in das Gespräch einer solchen Vorbereitungsgruppe einfließen. Auf diese Weise kommen Fragen zusammen, die sich auf den christlichen Glauben beziehen, durch den Besuch des Gottesdienstes oder durch die Lektüre in der Bibel oder den Katechismus oder die einfach durch das Gespräch mit anderen entstanden sind.

Oft habe ich erfahren, mit welchen vielseitigen und auch einfachen Fragen suchende Menschen den Glauben be- und hinterfragen, doch wie es gleichzeitig durchaus schwierig ist, die passenden Worte zu finden, die zu guten Antworten werden.

Seitdem mache ich es manchmal bei der Betrachtung eines Bibeltextes ähnlich: Ich stelle Fragen. Fragen selbst zu Sachverhalten oder Aussagen oder Personen, die mir bislang ganz plausibel erschienen.

Es gibt bei Matthäus ein Evangelium, in dem Jesus den höheren Religionsdienern seines Volkes in einem Gleichnis erschließt, was Gott von uns erwartet und wie wir an seinem Reich unter uns mitwirken können.

»In jener Zeit sprach Jesus zu den Hohepriestern und den Ältesten des Volkes: Was meint ihr? Ein Mann hatte zwei Söhne. Er ging zum ersten und sagte: Mein Kind, geh' und arbeite heute im Weinberg!
Er antwortete: Ich will nicht. Später aber reute es ihn und er ging hinaus. Da wandte er sich an den zweiten und sagte zu ihm dasselbe.

Dieser antwortete: Ja, Herr – und ging nicht hin.
Wer von den beiden hat den Willen seines Vaters erfüllt? Sie
antworteten: Der erste.
Da sagte Jesus zu ihnen: Amen, ich sage euch: Die Zöllner und
die Dirnen gelangen eher in das Reich Gottes als ihr. Denn
Johannes ist zu euch gekommen auf dem Weg der Gerechtigkeit
und ihr habt ihm nicht geglaubt; aber die Zöllner und die Dirnen
haben ihm geglaubt. Ihr habt es gesehen und doch habt ihr
nicht bereut und ihm nicht geglaubt« (Mt 1,28–32).

Ich stelle die Fragen, die das Evangelium in mir hervorruft:
Was meint Jesus mit dem Weg der Gerechtigkeit? Was ist der
Wille des Vaters? Von woher soll ich ihn ableiten? Von woher
weiß ich, was Gott will? Woran glauben die Hohepriester und
Ältesten? Woran glauben die Zöllner und Dirnen? Was heißt
»Ja« sagen, wozu? Oder: Was heißt »Nein« sagen und gegen
wen oder was?

Also fangen wir an, nach Antworten zu suchen:
Was ist der Weg oder das Reich der Gerechtigkeit?

Ganz oft redet Jesus über das Reich Gottes. Die Botschaft
vom Reich ist die Mitte seiner Verkündigung. Es ist kein natio-
nales Reich mit Grenzen und Schlagbäumen.

Sein Reich ist unsichtbar, aber es hat dennoch eine wirkliche Ausstrahlung und Macht. Dieses Reich ist überall dort,
wo Menschen so leben, als gebe es Gott.

Die Konsequenzen, die sich daraus ergeben, hat Jesus in
einer Präambel für das Reich Gottes zusammengestellt, in
der Bergpredigt (Mt 5–7): Wer zu seinem Reich zählt, lässt
sich von Gott beschenken, weil er weiß, wie sehr wir Menschen im Herzen arm bleiben. Mitglied in diesem Reich sind
die, die Frieden stiften, die ein reines Herz haben, die für die

Entrechteten und Armen eintreten, die zur Wahrheit Gottes stehen und nicht bei jedem politischen Säuseln bereits im Winde schwanken. Es ist aber auch ein Reich, in dem Umkehr möglich ist, in dem Menschen zu ihrer Schuld stehen lernen dürfen, in dem Barmherzigkeit größer geschrieben wird als Vergeltung.

Das ist gemeint, wenn Jesus vom Reich der Gerechtigkeit redet: zu ihm gehören alle, die im Namen Gottes Gutes wollen und tun.

Was ist der Wille Gott? Hier findet sich eine Antwort im Brief des Apostels Paulus an die Philipper:

>*Jesus Christus war Gott gleich, hielt aber nicht daran fest Gott gleich zu sein, sondern entäußerte sich und wurde wie ein Sklave und den Menschen gleich« (Phil 2,9–11).*

Es ist der Wille Gottes, dass der Mensch ihn, Gott, versteht. Damit das möglich wird, begibt sich Gott selbst auf Augenhöhe des Menschen. Wir kennen das bei uns: Wenn wir mit einem kleinen Kind reden, dann ist es manchmal ganz entscheidend, ob wir in die Hocke gehen und in unserem Gespräch so dem Kind auf gleicher Höhe in die Augen schauen können. Ein solcher Positionswechsel schafft Nähe. In Jesus begibt sich Gott auf unsere Höhe. Er will Nähe. Er will die Gemeinschaft mit ihm und untereinander. Er will, dass wir erkennen: Er ist in seinem Wesen aus Liebe ein Ja zu uns Menschen. Dieser Wille Gottes ist sichtbar geworden in Jesus Christus. Er ist das sichtbare Ja Gottes zu uns Menschen.

Wer sind Hohepriester? Wer sind Zöllner? Natürlich zunächst konkrete soziale Gruppen. Die Hohepriester sind jene, die am Tempel für den Gottesdienst sorgen. Die Zöllner und

Dirnen sind jene, die sich vom Gesetz abgekehrt haben und, aus welcher Not auch immer, so leben, dass in ihrem Umfeld Unrecht geschieht.

Es gilt bei einer solchen Einteilung allerdings zu bedenken: Jeder Stand prägt den Charakter, das innere Empfinden, die Haltung. Die Hohepriester können Gefahr laufen, Gott in dem Land ihrer Gesetze und Vorschriften gefangen zu nehmen. Sie haben auf alle Fragen nach Gott eine festgefügte Antwort. Sie sind fertig. Sie haben ihre eigenen Bilder. In ihren Einstellungen haben sie eine klare Meinung.

Bei den Zöllnern und Sündern ist es anders. Bei ihnen besteht jedoch ebenfalls die Gefahr, in ihrem Unrecht, in ihrer gesellschaftlichen Isolation zu verhärten. Aber vielleicht besteht die Chance für beide Gruppen zu entdecken, wie das Leben angewiesen bleibt auf das Geschenk der Gnade und der Barmherzigkeit.

Wer es in seinem Leben zu etwas gebracht hat, kann schnell der Selbstgerechtigkeit verfallen, und wer mit seinem Leben gescheitert ist, kann in Demut nach einem neuen Anfang suchen.

Zweifellos, das muss nicht so sein, aber Jesus sagt, die Gefahr ist groß, dass die Großen sich noch größer fühlen als sie sind. In der Begegnung mit den Kleinen und Übersehenen erlebt Jesus oft, wie sehr sich die Armen und Nichtbeachteten nach Anerkennung, Ansehen und Integration sehnen. Bei ihnen gibt es eine oft unentdeckte Sehnsucht, wieder in das Leben zurückzufinden. Darum sind sie offener für die Botschaft, dass Gottes Ja und damit Gottes Zuwendung und Annahme ihnen besonders gilt und sie darum zu neuer Würde und zu einem neuen Leben zurückfinden können.

Wozu Ja sagen? Wozu Nein?

Jesus erinnert mit dem Gleichnis daran, wir sind alle Menschen. Und darum ist unsere Beziehung zu Gott immer auch wieder fragil, brüchig, distanziert. Das meint: unser Leben ist nicht zu jeder Zeit ein Ja zu Gott, das sich aus dem Ja Gottes zu uns hervorbringt. Es gehört auch zu uns das Nein, es gehört zu uns auch das Versagen, die Schuld, das Vergessen Gottes. Zum Willen Gottes, zu seinem Reich der Gerechtigkeit Ja sagen zu können, ist immer mit einem Weg verbunden, ist ein immer wieder neues Entscheiden, ein immer wieder neu zu lebender Anfang. Jesus erinnert daran: Wer auf dem Weg bleibt, wer sich als Suchender immer wieder neu in Gottes Ja zu den Menschen hineinstellt, der gehört zu seinem Reich.

Ich habe am Anfang dieses Abschnitts davon erzählt, wie die Taufbewerber in der Vorbereitung auf die Taufe ihre Fragen einbringen. Eine Frage, die in solchen Gesprächen fast immer wieder gestellt wird, lautet: Worauf kommt es an, wenn jemand zu Jesus Christus gehören will? Was ist ein guter Christ?

Ich möchte darauf so antworten:

Es kommt darauf an, dass ich glaubend annehme: Gott sagt in Jesus Christus zu jedem Menschen, und das heißt auch zu mir: Ja.

Es kommt darauf an, dass wir dieses Ja Gottes zu jedem Menschen nachsprechen und nachleben in der Haltung der Nächstenliebe.

Es kommt darauf an, dass wir darum Ja sagen zum Gottes Reich, Ja sagen zu Frieden, Gerechtigkeit, Barmherzigkeit und Einfachheit.

Und es kommt auch darauf an, dass wir an Gottes Ja festhalten, auch wenn wir einmal Nein gesagt haben, weil wir durch Gottes Ja immer wieder neu Ja sagen lernen dürfen zu seinem Reich der Gerechtigkeit.

DEN TAG VOR DEM ABEND LOBEN

Es gibt Worte, die das Leben prägen: positiv, wie negativ. Meistens sind es Worte, die wir ganz früh im Leben gehört haben, die uns manchmal unsere Eltern mit auf den Weg gegeben haben.

Markige Worte, Sprichworte, die Haltungen vermitteln sollen. Wie gesagt: manchmal prägen sie uns positiv, manchmal erschweren sie den weiteren Weg und benötigen eine Auseinandersetzung oder eine neue Bewertung.

Oft sind solche Worte oder Sätze von Eltern und Lehrern in meinen jungen Jahren bei mir auf Widerstand gestoßen. Manchmal entdecke ich aber, dass ich mich mittlerweile, jetzt im höheren Alter, wieder an einige erinnere und sie selbst übernehme.

Eines dieser Worte, das mich als Jugendlicher manchmal genervt hat, will ich nicht verheimlichen. Es heißt: »Man soll den Tag nicht vor dem Abend loben.«

Das Wort ist eine kleine Warnung: Rechne nicht mit einem guten Ereignis, bevor es tatsächlich eingetreten ist; man sollte sich einer Sache nicht zu sicher sein, auch wenn die Perspektiven dazu gut aussehen.

Ich erinnere mich: frohgemut kam ich aus der Schule und äußerte die Zuversicht, dass die Klassenarbeit dieses Mal gelungen sei. Und dann: »Man soll den Tag nicht vor dem Abend loben. Also: Warten wir erst einmal ab!«

Nicht zu früh fröhlich sein. Lieber auf Nummer sicher gehen. Sonst muss ich abends meine Freude vielleicht noch revidieren, wenn der Tag in seiner Summe mir doch eher nicht geglückt ist.

Das Sprichwort rät zu einer nüchternen Skepsis. Bloß nicht zu früh jubeln. Nur nicht schon zu schnell urteilen. Auf jeden Fall erst einmal abwarten. Keine Vorschusslorbeeren.

Aber ist das so? Kann man den Tag abends abrechnen: hier die positiven Erfahrungen, auf der anderen Seite die schlechteren Erlebnisse...?

Ein Wort von Karl Rahner stimmt mich nachdenklich:

»Aber man kann bei solchen Worten auch einmal die andere Seite der Wirklichkeit zu sehen versuchen, die sie uns so leicht verbergen. Und darum kann man auch einmal sagen: Lob den Tag schon vor dem Abend. Dann empfängst du ihn nicht mit Misstrauen und Vorsicht, sondern mit dem Lob des Vertrauens und der Zuversicht, dann wird er so, dass du ihn am Abend mit Recht loben kannst. Dann geschieht es mit dem Tag, wie es bei Menschen, oder wenigstens bei Kindern geht: Sie werden das, wofür man sie hält. Wohlan: Loben wir den Tag einmal vor dem Abend; sagen wir ihm: Sei gegrüßt, Bote Gottes, kleines Kind der Ewigkeit unseres Gottes. ...«[45]

»In jener Zeit, als Jesus die vielen Menschen sah, die ihm folgten, stieg er auf den Berg. Er setzte sich und seine Jünger traten zu ihm. Und er öffnete seinen Mund, er lehrte sie und sprach: Selig, die arm sind vor Gott; denn ihnen gehört das Himmelreich« (Mt 5,1–3).

Jesus lobt die Armen. Natürlich weiß er, dass auch Arme radikal ungerecht sein könnten. Und trotzdem setzt Jesus sein Lob über die Armen gleichsam als Überschrift über alle weiter folgenden Seligpreisungen.

Armut im Sinne Jesu ist allerdings mehr als kein Geld in der Brieftasche zu haben. Die jesuanische Sicht der Armut schaut weiter.

Armut vor Gott beginnt dort, wo ich die Grenzen meiner Geschöpflichkeit wahrnehme. Armut im Geiste versteht die Hl. Schrift als eine Haltung, die erkennt, dass ich in meiner Endlichkeit ein Angewiesener, eine Angewiesene bleibe.

Wer seine Grenzen in den Blick nimmt, lernt wahrzunehmen, dass der nächste Atemzug, der geschieht, ein Geschenk ist.

Und noch etwas lehrt die Haltung der Armut: Meine Grenzen, meine Geschöpflichkeit und somit meine Endlichkeit lassen sich mit allen Reichtümern dieser Welt nicht ausradieren. Im Gegenteil: wer meint, seine eigenen Grenzen überspringen zu müssen, verliert sich selbst.

Armut vor Gott bedeutet vielmehr: Ich darf sein, der ich bin. Und mir – mit meinen Grenzen, Ecken und Kanten – gilt die Zusage Gottes, angenommen zu sein.

Leben kann ich nicht verdienen. Leben darf ich annehmen wie ein großes Geschenk. Dabei gilt es zuerst dankbar zu sein, für das, was mir geschenkt ist, und nicht innerlich verbissen neidisch zu werden für das, was ich nicht habe und meine, dass es andere mehr haben.

Die geistliche Haltung der Armut, die das Leben als Geschenk annimmt, lernt Ja zu sagen zu sich selbst. Denn die Wahrheit unseres Lebens ist das, was wir sind: Ebenbilder Gottes, die die Königswürde der Berufung in sich tragen.

Wer in diesem Geist der Seligpreisungen leben kann, der lobt den Tag vor dem Abend.

Denn dann schwindet die Verblendung, dass man nur das ist, was man leistet oder besitzt. Denn wir sind dann nicht durch unsere Taten Söhne und Töchter Gottes, sondern wir sind es schon, bevor wir morgens aufstehen. Darum dürfen wir den Tag vor den Abend loben.[46]

DIE PERLE DES GLAUBENS

»In jener Zeit sprach Jesus zu den Jüngern. Mit dem Himmelreich ist es wie mit einem Schatz, der in einem Acker vergraben war. Ein Mann entdeckte ihn und grub ihn wieder ein. Und in seiner Freude ging er hin, verkaufte alles, was er besaß, und kaufte den Acker.
Auch ist es mit dem Himmelreich wie mit einem Kaufmann, der schöne Perlen suchte. Als er eine besonders wertvolle Perle fand, ging er hin, verkaufte alles, was er besaß, und kaufte sie«
(Mt 13,44–52).

Was ist die Perle, nach der wir suchen und für die wir alles geben, damit wir in unserem Leben zum Ziel kommen?

Und was ist der Schatz im Acker, für den wir alles lassen, weil wir in diesem Schatz die Erfüllung des Lebens finden?

Das sind nicht einfache Fragen. Vor allem sind es gefährliche Fragen. Es sind Fragen und vor allem religiös aufgeladene Fragen, die in einen Extremismus führen können! Alles oder gar nichts! Die Konfrontation mit der Frage: »Was ist das Entscheidende in meinem Glauben?«, kann Menschen in einen Radikalismus verführen, der vor dem Allerschlimmsten nicht Halt macht. Das sind Erfahrungen, die wir nicht nur bei den extremen Sekten des Mittelalters feststellen können, sondern, was kaum jemand vor 20 oder 30 Jahren geglaubt hätte, es sind Fragen und Haltungen, die uns in einer durch und durch säkularisierten Welt momentan mächtig wieder einholen.

Darum steht das Christentum nach meiner Meinung vor einer neuen großen Herausforderung: Es gilt zu beschreiben, was das Zentrale des Glaubens ausmacht. Wo liegt die Sinn-mitte dessen, was Jesus in seiner Botschaft vom Himmelreich auf Erden gemeint hat? Wofür hat er alles gegeben, als er am Kreuz auf Golgatha seine Arme ausbreitete? Gibt es darauf eine Antwort? Und wenn wir dieser Antwort nahekommen, was bedeutet sie dann für die Kirche? Was ist, aus der Bot-schaft Jesu abgeleitet, die Mitte der Kirche? Was muss sie heute den Menschen kompromisslos verkünden und wofür hat sie zuallererst einzustehen?

In der jüdischen Tradition ist im »Jerusalemer Talmud« eine geistliche Weisheit aufgehoben:

»Wer eine einzige Seele zerstört, zerstört die ganze Welt. Und wer eine einzige Seele rettet, rettet die ganze Welt.«

Der Kölner Kardinal Rainer Maria Woelki hatte beim Fron-leichnamsfest 2017 über diese Aussage per Negativton einen Bezug zu einer vehementen Gottesaussage hergestellt: »Wer Menschen im Mittelmeer ertrinken lässt, lässt Gott ertrin-ken!«

Wer aber ist dieser »Wer«? Ist es das Schicksal; die geld-gierigen Schlepperbanden; sind es die, die marode, mee-resuntüchtigen Boote für teures Geld an die Flüchtenden verkaufen und hohe Gewinne machen; sind es die korrupten Regierungen, die durch Krieg und Zerstörung Menschen in die verzweifelte Flucht treiben; sind es die gewissenlosen Rüstungslieferanten oder doch eher die religiösen Hassprediger, die mitursächlich in der Radikalisierung ihres Glaubens Mitverantwortung tragen?

Es ließen sich noch unendlich viele Fragen anfügen. Und schließlich landen wir bei der Frage aller Fragen: Und Gott? Ist er mitverantwortlich, weil er eine unvollkommene Welt erschaffen hat? Ertränkt Gott sich selbst in den Wellen des Leides, die über diese Welt immer wieder zusammenschlagen und hat Gott die Regie des Dramas in einer Welt verloren, in der so viele in der Drangsal des Lebens ums Überleben kämpfen müssen, in der so viele meinen, den schrecklichen Kampf ums Dasein nicht mehr gewinnen zu können?

Mit anderen Worten: Unsere Wirklichkeit stellt die Gottesfrage neu. Und ich glaube, dass es die erste Aufgabe der Kirche ist, sich dieser Frage zu stellen und das bedeutet, Menschen zu begleiten, die sich tagtäglich in der Herausforderung ihres Lebens diesen Fragen stellen müssen.

Der Philosoph Wilhelm Schmid (geb. 1953) sieht in der Gottesfrage das Eigentliche jedweder Existenz. Er schreibt über »die mögliche Liebe Gottes und die wirkliche Liebe zu Gott«:

> »Die Entscheidung für oder gegen die Annahme einer Transzendenz ist eine intime Frage des jeweiligen Ich, ... intimer noch als andere Fragen: Kann ich mich mit der mir gegebenen Endlichkeit bescheiden, oder will ich mich in eine mögliche Unendlichkeit eingebettet glauben, in der auch ein anderes Leben möglich ist? Wenn Letzteres, nehme ich diese Möglichkeit in mein Inneres auf, gebe meinem Glauben also einen Platz in meinem Kern, ›im Herzen‹, nicht nur in der Peripherie meiner selbst!«[47]

Das glaube ich, ist die Kernaufgabe der Kirche: Menschen unter Wahrung ihrer Freiheit zu begleiten, dass sie sich dieser Frage nach dem Leben, dem ewigen Leben in der Gemeinschaft mit Gott annehmen. Es ist die Aufgabe der Kirche, Menschen anzustoßen, sich der Frage nach der Endlichkeit zu stellen und sie stets neu zu bedenken! Und es ist die Aufgabe der Kirche, Menschen zu unterstützen, trotz allem möglichen Zweifel und säkularer Bedenken, für sich diese Frage positiv zu beantworten und ihre Antwort zu leben.

Es gibt eine Perle im Reich Gottes. Es gibt einen Schatz in der Botschaft Jesu. Diese Perle, diesen Schatz unseres Glaubens kann man mit den Worten Jesu selbst beschreiben: »Ich bin die Auferstehung und das Leben. Wer an mich glaubt wird leben, auch wenn er stirbt, und jeder, der lebt und an mich glaubt wird in Ewigkeit nicht sterben« (Joh 11,25–26)!

Für diesen Glauben gilt es alles in die Waagschale zu werfen. Paulus sagt dazu: »Wäre Christus nicht von den Toten erstanden, wäre unser Glaube nichtig« (1 Kor 15,14)! Aus diesem Glauben an das Leben gilt es den Zweifel zuzulassen und die Freundschaft mit Gott stets zu erneuern.

Im Januar 2016 schickte die Schriftstellerin Rosemarie Egger elf Fragen an Pfarrer und Pfarrerinnen, an Seelsorger und Seelsorgerinnen in Zürich, oder legte sie aufs Predigerpult in verschiedene Kirchen. Es kamen nur wenige, lapidare Antworten zurück.

Sie fasste sich Anfang Mai 2016 ein Herz und sandte ihre Fragen an bekannte und weltberühmte Theologen. Und siehe da: Antworten, die die Schriftstellerin dann in einem Buch veröffentlich hat, kamen von allen zurück und machten Rosemarie Egger innerhalb von acht Monaten zu einem anderen Menschen.

Eine dieser Fragen lautete: Kann man ein Geheimnis lieben? Der Chefredakteur von »Christ in der Gegenwart«, Johannes Röser, antwortet:

»Christsein war zu keiner Zeit ein Wellnesstrip zur Erlangung moralischer Fingerfertigkeiten oder ethischer Glückseligkeit, sondern stets ein unaufhörlicher Prozess des Überwältigtwerdens von bohrenden Fragen. Der ... ehemalige Kulturstaatsminister Michael Naumann sagte einmal, Hauptaufgabe der Kirche sei es, die Gottesfrage in der säkularen Gesellschaft wachzuhalten, sie wieder zu wecken. Allein dadurch könne das Christentum für moderne Menschen attraktiv werden, dass es die Fähigkeit hat, die Sehnsucht nach dem Numinosen, Rätselhaften, Unerklärbaren zu stillen.
Die soziale Dienstleistung sei nicht die zentrale Aufgabe des Christseins, vielmehr – so Naumann – mit einem theologischen Ausdruck: ›die Vorbereitung auf das Eschaton‹, also die Vorbereitung auf das Reich Gottes, auf das ewige Leben.«[48]

Ist das eine Option zur Schwächung der Nächstenliebe? Bedeutet die Fokussierung des Christlichen auf die Gottesfrage nicht ein Abschied von der Welt? Diese Frage muss man sich bei einer solchen Schwerpunktsetzung stellen und sie braucht eine intensive Auseinandersetzung an anderer Stelle. Die Richtung der Antwort findet sich in einem Wort von Papst Benedikt XVI.:

»Die Vereinigung mit Christus ist zugleich eine Vereinigung mit allen anderen, denen er sich schenkt. Ich kann Christus nicht allein für mich haben, ich kann ihm zugehören nur in der Gemeinschaft mit allen, die die Seinigen geworden sind oder werden sollen. Die Kommunion zieht mich aus mir heraus zu ihm hin und damit zugleich in die Einheit mit allen Christen. Wir werden ›ein Leib‹, eine ineinander verschmolzene Existenz. Gottesliebe und Nächstenliebe sind nun wirklich vereint.«[49]

Um den Weg in den Himmel zu finden, ist Christus unser Schatz im Acker und er ist die Perle, nach der wir im Innersten suchen sollen.

Wo wir diesen Schatz, diese Perle nicht verlieren, wird alles andere in der Gestaltung der Kirche und damit der Caritas auf dem guten Weg bleiben.

DEN FEIND LIEBEN

Das Gebot der Feindesliebe (Mt 5,43) ist immer wieder ein »dicker Brocken«, eine Zumutung. Wenn es schon schwer ist mit den eigenen dunklen und unversöhnlichen Seiten des Lebens versöhnlich umzugehen, wie soll uns das dann im Umgang mit dem anderen erst möglich sein?

Die Wange erneut hinhalten, obwohl man zuvor auf die andere geschlagen wurde; zu geben, ohne die Erwartung zurückzubekommen; sich etwas wegnehmen lassen, ohne es anschließend mit richterlichem Entschluss zurückzufordern? Das ist moralische Herausforderung pur und wenig geeignet, allgemeine Zustimmung zu finden. Ist die Feindesliebe nicht eine moralische Kategorie wider aller Vernunft? Ist sie darum nicht ungeeignet, als moralischer Maßstab angewendet und gefordert zu werden?

Man kann an dieser Stelle der Bergpredigt lange heruminterpretieren, aber sie wird nie ihre Herausforderung und damit auch ihre Sperrigkeit verlieren. Dennoch glaube ich: es gibt Abgrenzungen und Voraussetzungen, die verstehen helfen. Ich will einige nennen:

Die Rede von der Feindesliebe ist keine billige Aufforderung zur Anpassung. »Nur nichts sagen! Lieber schweigen!

Auf keinen Fall den Mund verbrennen! Besser sich raushalten!« Solche Einstellungen passen nicht in das Bild Jesu. Er selbst, so berichten die Evangelisten, stößt mit seiner Rede über Gott nicht nur auf Zustimmung. Jesus kennt Gegner und Feinde. Er entzieht sich ihnen nicht. Er spart auch nicht mit eindeutigen Worten:

> »Weh euch, ihr Schriftgelehrten und Pharisäer, ihr Heuchler! Ihr seid wie die Gräber, die außen weiß angestrichen sind und schön aussehen; innen aber sind sie voll Knochen, Schmutz und Verwesung« (Mt 22,7).

Jesus weiß, was er will. Er kennt die, die ihm Steine in den Weg legen. Er spricht aus, was er über sie denkt. Feindesliebe ist keine falsche Anpassung.

Aber auch in diesen Auseinandersetzungen und Konfrontationen geht Jesus stets den Weg der Gewaltlosigkeit. Und seine Gewaltlosigkeit hat ein Ziel. Sie will verändern. Gewaltlosigkeit meint nicht, Jesus bleibt passiv, tut nichts, sondern er lebt eine bewusste Aktivität. Er selbst hält die »andere Wange hin«. Er zeigt damit, dass ein solches Verhalten in die Bekehrung, in die Veränderung führt. Jesu größte aktive Umsetzung der Feindesliebe war sein Kreuzweg. Dieser Weg endet mit dem Bekenntnis (eines Heiden):

> »Als der Hauptmann das sah, bekannte er: ›Wahrlich, dieser war Gottes Sohn‹« (Mk 15,39)!

Feindesliebe braucht viel Kreativität, um mit Gewaltlosigkeit Einfluss auszuüben, die in die Veränderung und Bekehrung führt.

Die Bergpredigt ist eine Rede an die Jünger, nicht an alle.

»Jesus hob seine Augen auf seine Jünger und sprach zu ihnen«
(Lk 6,20)!

und

»Euch, die ihr mir zuhört, sage ich« (Lk 6,27)!

Jesus mutet die Gewaltlosigkeit, die selbst die Feinde liebt, denen zu, die ihm zuhören. Die kein Ohr für ihn haben, die sich seiner Botschaft verschließen, werden sie nicht verstehen und als euphorischen, unrealistischen Unfug belächeln.

Der Umgang mit den Menschen, die mir weh tun, die mir Schaden zufügen, die mich benachteiligen oder übersehen und meine Einstellung zu den Feinden taucht in ein ganz anderes Licht, wenn ich zuvor die Botschaft Jesu vom barmherzigen Gott für mich zulassen kann.

Die Behauptung, Gott ist mir barmherzig, heißt dann ja: Gott geht immer auf mich zu, auch wenn ich ihm feindlich gesinnt war! Gott lässt mich nicht hängen, auch wenn ich seine Allmacht vergessen habe! Gott sucht den ersten Schritt, gerade wohl dann, wenn ich in meiner Lebensenttäuschung seiner überdrüssig wurde.

Gott ist barmherzig, verkündet Jesus als die Mitte seiner Botschaft. Das ist sein Bekenntnis zu dem Gott, der gibt, wenn wir nehmen, der auf uns zugeht, wenn wir weglaufen, der uns mit Nachsicht begegnet, wo wir verhärten, kurzum: der liebt, wenn wir hassen.

Dieses Gottesbild ist die Grundlage für Jesus, um zu sagen: Liebt eure Feinde. Tut dies, weil Gott es auch tut. Nicht selten seid ihr selbst die davon Betroffenen.

Eine letzte Voraussetzung für das Verständnis der Feindesliebe muss noch genannt werden: das glaubende Wissen um die Ewigkeit. Feindesliebe ist, wie schon erwähnt, nicht die Akzeptanz des Bösen, sondern die Begegnung mit dem anderen in Liebe, um für den guten Weg einzuladen. Diese Liebe trifft irdisch nicht immer auf Gerechtigkeit. Aber jede Liebe berührt seit Jesu Auferstehung den Himmel und ist darum niemals vergessen. Mit anderen Worten: Weil es den Himmel gibt, weil es eine göttliche Gerechtigkeit gibt, kann man die Liebe wagen, die immer gilt, auch unter der Voraussetzung von momentanen Benachteiligungen.

Übrigens: die Geduld ist die Schwester der Feindesliebe. Der Hl. Benedikt meint: die Geduld ist der Weg zu Christus und mit ihm.

>*»In seiner Mönchsregel kommt Benedikt auf diese Geduld zu sprechen: ›Die Mönche sollen ihre leiblichen und charakterlichen Schwächen gegenseitig mit größter Geduld ertragen.‹ Man kann aber auch übersetzen: ›Sie sollen ihre eigenen Schwächen mit größter Geduld ertragen.‹ Mit sich selbst Geduld haben, sich selbst ertragen, ist der erste Schritt, der zur Feindesliebe befähigt. Diese ist vielleicht die tiefste Gnade, die vom Kreuz Christi in unser Leben strömt. Was ist das Kreuz? Darauf gibt es eine ganz einfache Antwort: Das Kreuz ist die Geduld Gottes mit uns Menschen. Wenn Gott der Sünde Feind ist, dann lässt sich dieser Satz umformulieren: Das Kreuz ist die Feindesliebe Gottes zu uns sündigen Menschen.«*[50]

Oder anders: Das Kreuz ist das Bild dafür, wie sehr Gott den Menschen liebt, damit wir die Liebe lernen können, auch zu denen, mit denen wir uns schwertun.

Darum: die Feindesliebe, die Jesus in der Bergpredigt seinen Jüngern zumutet, ist kein Zustand, sondern ein lebenslanges Lernen, ein lebenslanges Eintauchen in die Liebe Jesu, die am Kreuz für uns sichtbar geworden ist.

DER FEIND IN MIR

Ich frage mich: Was gibt Jesus mit dem Gebot zur Feindesliebe über Gott preis? Wenn der Wille Gottes darin besteht, dass unsere Liebe vor unseren Feinden nicht Halt macht, dann gilt dieses doch auch in der Liebe Gottes zu uns. Also: Wo wir Gott feind sind, wo wir Gott verleugnen, wird Gott uns nicht den Rücken kehren, sondern in seiner Liebe zu uns noch intensiver um uns werben. Das Gebot der Feindesliebe ist auch eine Botschaft über Gott selbst.

Was Jesus im Gebot über die Feindesliebe als Handlungsmaxime aufstellt, resultiert somit aus seinem Glauben, dass Gott sich selbst immer wieder den Menschen zuwendet, auch dann, wenn sie ihm feind sind, sich von ihm abkehren.

Denn: Gott hat keinen Menschen zum Feind. Die Botschaft Jesu ließe sich so in unsere Sprache übersetzen. Und das bedeutet:

Auch dort, wo wir als Menschen Gott vergessen, vergisst Gott uns nicht.

Dort, wo wir Menschen Gott in unserem Leben nicht mehr vorkommen lassen, kommen wir Menschen trotzdem im Denken und Lieben Gottes vor.

Dort, wo wir uns um Gott nicht mehr kümmern, wo wir in unserem gesellschaftlichen Leben nicht mehr nach ihm fragen, bleibt Gott uns treu und sorgt sich um uns.

Und dort, wo wir Gott Gewalt antun, wo wir ihn mit allen Mitteln verstecken und bewusst in die Vergessenheit abrutschen lassen, wendet Gott keine Gewalt an, sondern hat mit uns einen langen Atem, der selbst ausreicht, um durch den Tod hindurchzugehen.

Jesus ist dafür das Beispiel. Sein Leben zeigt ja, dass Gott mit uns nicht mit Gewalt abrechnet, wo wir ihn ignorant an die Wand stellen.

Gott hat keinen Menschen zum Feind. Diese Botschaft leuchtet mir aus den Worten Jesu über das Gebot der Feindesliebe entgegen.

Allerdings sind daraus Konsequenzen zu ziehen: Ich brauche auch mir selbst nicht zum Feind zu werden. Nun ist es doch oft so: Wenn wir von Feinden reden, denken wir schnell an die oder den anderen.

Der erste Feind allerdings bin ich oft mir selbst. Wieviel Unheil entsteht unter uns Menschen dadurch, dass wir innerlich mit uns selbst nicht versöhnt sind, eigene Gedanken und Haltungen nicht zu uns gehören lassen wollen. Mein Zorn, meine Eitelkeit, meine Angst, meine Unmäßigkeit, mein Stolz, mein Neid, meine Unbeherrschtheit, ... all die Regungen behandeln wir oft als unsere Feinde, gegen die wir mit allen Mitteln kämpfen, auf andere hin projizieren, von uns abspalten und anderen andichten, anstatt sie zu uns gehören zu lassen mit dem Wissen, dass Gott uns liebt und nicht mit uns oder einem Teil von uns in Feindschaft lebt. Ich glaube, wo wir so mit uns umgehen, unsere Anteile wahr- und annehmen, praktizieren wir die erste Feindesliebe. Der Feind im Inneren verliert seine Macht und wir werden freier für die guten Seiten in uns.

Das ist ein langer und wohl auch mühsamer Weg.
Eine Geschichte erzählt davon:

>>Ein kleiner Vogel, der am Meeresufer lebte, beschloss, sich ein Nest zu bauen. Während der Ebbe machte er sich an die Arbeit.

Er sammelte fleißig trockene Ästchen, Gräser und Federchen,
aber kaum hatte er alles zusammengetragen, als die Flut heran-
kam und alles wegschwemmte.
Da wurde der kleine Vogel böse und schwor dem Meer Rache.
Und er tat, was er sich vorgenommen hatte. In sein Schnäbel-
chen nahm er einen Tropfen Meerwasser und flog damit zum
Festland. Dort ließ er den Tropfen in den Sand fallen und pickte
Sand in sein Schnäbelchen. Diesen Sand trug der kleine Vogel
ins Meer. Unzählige Male wiederholte er diese vergebliche
Mühe, denn er wollte aus Rache das Meer austrocknen. Bald
aber war der Vogel so müde, dass er ein wenig ruhen musste.
Da kam ein anderer Vogel herbei, der ihn beobachtet hatte, und
sagte: ›Ich kann dich verstehen, dass du dem Meer zürnst, aber
der Zorn ist ein schlechter Ratgeber. Du bist ein kleiner Vogel,
und das Meer ist unendlich. Nie kann es dir gelingen, es auszu-
trocknen. Wenn du aber deinen Fleiß einem guten Ziel zuwen-
dest, wird es sich lohnen.‹
Der kleine Vogel befolgte die klugen Worte und flog ans Fest-
land. Dort hatte er sich bald ein Nest gebaut.«[51]

Mir gefällt an dieser Geschichte, wie der kleine Vogel wütend
wird, als er merkt, dass sein Vorhaben für ein Nest an der
Macht des Meeres scheitert.

Aber mir gefällt noch mehr, wie der Vogel sich beraten
lässt und dadurch fähig wird, seine Sichtweise der Dinge radikal zu ändern. »Wenn du dich aber einem guten Ziel zuwen-
dest, wird sich dein Fleiß lohnen.«

Übertragen auf mich bedeutet dies doch: Wenn ich mich
stets an meinen Schwächen und Unzulänglichkeiten reibe,
mich ihnen mit aller Gewalt entgegenstemme und sie be-
kriege wie schlimme Feinde, dann kommt das dem Versuch

gleich, das Meer austrocknen zu wollen. Wenn ich aber lerne dem Guten in mir mehr Raum zu geben, wenn ich lerne, alle Kräfte darauf zu verwenden, um mit meinen Gaben zu wuchern, dann wird daraus Leben.

Jesus ermutigt mich dazu, wenn er sagt: Gott hat keinen Menschen zum Feind. Und Gott sucht in mir nicht seinen Feind. In seiner Liebe und Fürsorge nimmt Gott das Gute in seinen Blick.

Übrigens: was dies in der Beziehung zu den Mitmenschen übertragen bedeutet, habe ich einfach und auf den Punkt formuliert in einem arabischen Sprichwort gefunden:

>»Wenn ein Mensch zehn gute und eine schlechte Eigenschaft hat, so blicke nur auf die zehn guten und nicht auf die eine schlechte; hat er aber zehn schlechte und eine gute Eigenschaft, so sieh nur auf die eine gute und nicht auf die zehn schlechten.«[52]

SONNTAG

Wozu ist der Sonntag gut? In Anlehnung an Jesus antworte ich: Der Sonntag ist für den Menschen da.

Also: der Sonntag ist dazu da, damit dem Menschen etwas Gutes geschehe. Aber was ist das Gute, das durch den Sonntag den Menschen zuteil wird?

Eine erste Annäherung der Frage bietet eine Geschichte:

>»Die Tiere waren neidisch und voller Ärger: die Menschen hatten Sonntage, nur sie nicht! Das sollte anders werden! Sie trafen sich in einer Lichtung und überlegten, wie sie auch zu Sonntagen kommen könnten.

Der Löwe sagte: ›Ganz einfach! Das liegt vor allem am guten und vielen Essen!‹ Er wünschte sich an jedem Sonntag eine Antilope. Der Pfau meinte: ›Ach was! Ein herrliches Festgewand ist das Wichtigste!‹ Er wünschte sich eine neue Garnitur schillernder Federn.

Das Faultier protestierte: ›Man muss vor allem sehr viel Ruhe haben und sich ausschlafen können!‹

So hatte jedes Tier seine Wünsche. Und der liebe Gott gewährte sie alle. Aber bei den Tieren wurde es nicht Sonntag.

Die Menschen lachten und sagten: ›Die Tiere wissen nicht, dass es am Sonntag nur dann Sonntag wird, wenn man Gott einlädt und mit ihm wie mit einem Freund spricht!‹«[53]

Es gibt viele Dinge, die der Mensch besonders gut am Sonntag tun kann: gut Essen, sich für Festlichkeiten herausputzen, sich von der Mühsal des Alltags erholen. Alles das macht Sinn und bietet dem Menschen Freude und damit Ausgleich für manche Beschwernisse in der Woche. Mich beeindruckt dann die Wende: Letztlich ist das alles noch nicht Sonntag, sagt die Geschichte. Der Sonntag beginnt dort, wo man Gott als Freund einlädt und mit ihm in herzlicher Verbundenheit spricht.

Bringt das was? Mit Gott reden? Wozu mit Gott reden wie mit einem Freund?

Ich glaube, dass Leben ist eine Kunst. Die Kunst den roten Faden zu bewahren, der Sinn, Orientierung und Halt schenkt. Wie wichtig diese Kunst ist, den roten Faden des Lebens nicht zu verlieren, davon redet ein Gedicht von Ulrich Schaffer:

»Vielleicht liegt am Ende
die ganze Kunst des Lebens nur darin,
das zu deuten,

was wir uns durch unsere Handlungen,
bewusst und unbewusst, einbrocken,
und nicht nur verständnislos
vor dem Werk des eigenen Lebens zu stehen.
Mit jeder Handlung verfolgen wir etwas.
Mit jeder Unterlassung
fügen wir etwas zu unserem Leben hinzu.
An guten Tagen entdecken wir den roten Faden –
vielleicht verfolgen wir ihn sogar
mit Anstrengung und Willenseinsatz.
An schlechten Tagen,
manchmal sogar über Wochen und Monate,
haben wir den Faden verloren
und irren umher.
Aber auch dann gibt es so etwas wie eine Kraft,
die das zusammenhält was geschieht.
Es ist die Kraft unserer Sehnsucht
nach dem Sinn für das eigene Leben.
Sie müssen wir erhalten.
Wer sie verliert, hat viel mehr verloren
als nur den roten Faden des eigenen Lebens.«[54]

Die Kraft unserer Sehnsucht nach dem Sinn für das eigene Leben gilt es sich immer wieder neu zu entdecken. Mit Gott reden wie mit einem Freund, ist für mich ein entscheidender Weg, damit uns die Sehnsucht nach dem Sinn für das eigene Leben erhalten bleibt.

Diese Sehnsucht nach einem gelungenen Leben begegnet mir auf unübertreffliche Weise in Jesus Christus. Sein Weg: Er stellte den Menschen, auch mit dem, was an ihm verdorrt ist, in die Mitte. So erzählt der Evangelist Markus von Jesus, der am Sabbat die Synagoge besucht, dort predigt und einen Mann mit verdorrter Hand in die Mitte stellt, dort wo die Tora ausgelegt ist, um ihn dann zu heilen (Mk 3,1–3,6).

»Stell dich in die Mitte« (Mk 3,3)! Wer Gott als Freund hat, stellt den Menschen in die Mitte. Wer sich an Gott bindet, verliert nicht den roten Faden der Sehnsucht nach Leben, für sich selbst und für alle Menschen.

Dazu braucht es den Sonntag. Er soll unseren Alltag unterbrechen, damit Zeit ist, um sich in der Freundschaft Gottes als Mensch in die Mitte zu rücken.

Bleibt dann noch eine Frage: Braucht man für dieses Gespräch mit Gott am Sonntag die Gemeinde, die Gemeinschaft? Kann man das nicht genauso gut irgendwo allein und irgendwo in der Woche und irgendwo dort tun, wo die Bedürfnisse sich gerade dafür anbieten? Sich der Freundschaft Gottes erinnern, ist das nicht eine private Angelegenheit?

Es gibt Dinge, die kann man nicht allein. Dazu bedarf es einer Gemeinschaft, einer Institution.

Ich erzähle dazu einen Vergleich, den der Wiener Pastoraltheologe Paul Michael Zulehner ins Bild gesetzt hat.

Er schreibt, dass er leidenschaftlich gerne Mozart hört. Dabei betont er, dass es kein Orchester gibt, das so gut diese Musik von Mozart spielt, wie die Wiener Philharmoniker. Wenn er Mozart pur hören will, dann geht er in ein Konzert der Wiener. Sie spielen so gut, dass alles außer Mozart zurücktritt. Es ist Musik, die dann seine Seele berührt.[55]

Allerdings gibt es vieles, was ihm an den Philharmonikern stört: Es gibt viele Querelen und ebenso gibt es im Ensemble keine Vollmitgliedschaft der Frauen.

Das alles stößt bei ihm und vielen anderen auf Ablehnung. Und trotzdem: es gibt kein Orchester, dass so wunderbar

Mozart spielen kann, wie die Wiener Philharmoniker. Deshalb muss man hingehen, wenn man Mozart liebt.

So ist es mit der Gemeinschaft der Kirche. Es gibt in ihr viele Querelen. Manche Haltungen und Meinungen in ihr passen mir nicht. Die schrecklichen Verfehlungen und Verbrechen im Rahmen des sexuellen Missbrauchs will ich nicht verdrängen. Und manche Starrheit, sich einer Erneuerung zu verschließen, macht mich wütend und mehr als hilflos.

Doch trotzdem: Nirgendwo höre ich die Melodie Gottes so schön, so klar, so unmissverständlich, wie am Sonntag in der gemeinsamen Feier des Gottesdienstes der Gemeinde. Hier ist eine Melodie Gottes zu hören, die meine Seele berührt und die mir Kraft gibt, immer wieder aufs Neue den Menschen in die Mitte zu rücken.

Dazu ist der Sonntag gut: dass wir Raum schaffen in unserem alltäglichen Allerlei, um mit Gott als Freund zu reden, und im Miteinander Gottes Melodie zu hören, die uns befähigt, gut von uns selbst und von den Menschen zu denken.

Das meint Jesus, wenn er darauf Wert legt, dass der Sabbat für den Menschen da ist.

Wir fragen heute so oft: Wozu ist die Kirche gut? Wir fragen das immer mehr in einer Zeit, in der die Kirchenzugehörigkeit in unserer Gesellschaft nicht mehr selbstverständlich ist. Und wir fragen das in einer Welt, die durch Globalisierung, Säkularisierung und Digitalisierung immer unübersichtlicher wird.

Der Sabbat ist für den Menschen da, sagt Jesus. Darum: Christen sind Menschen des Sonntags. Sie leben aus der Gnade. Sie leben aus der Hoffnung, dass Gott uns zuerst geliebt hat und dass dies deutlich wird in jeder Feier des Gottesdienstes.

Christen sind Menschen des Sonntags. Sie kommen in der Kirche an diesem Tag zusammen und erinnern sich und die Welt daran, dass Gott uns in Jesus seine göttliche Melodie des Lebens vorgespielt hat. Wo diese Melodie unser Herz erreicht, werden wir unserer Würde bewusst und vergessen die nicht, deren Würde »verdorrt« zu sein scheint, wodurch auch immer.

Denn wer auf Gottes Melodie in Jesus hört, wer sich in seiner Seele von ihm berühren lässt, der kann nicht anders, als dorthin zu gehen, wo Gott zu finden ist: unter den Menschen in der Welt.

Dafür steht diese Kirche. Dazu lädt diese Kirche immer wieder ein, Sonntag für Sonntag: Gottes Melodie in Jesus in dieser Welt zu hören, um diese Melodie der Menschlichkeit unter die Menschen zu tragen.

IN DER HALTUNG JESU
HALT FINDEN

TAPFERKEIT

Über die Tugend der Tapferkeit wird in unserer Gegenwart
wenig gesprochen. Sicherlich liegt das daran, dass mit diesem
Begriff in unserem Land (und in manchen anderen Ländern
ebenfalls) schreckliches Unrecht verursacht wurde. Man
denke nur an die entsetzlichen Parolen des Naziregimes. Wie
vielen jungen Menschen wurde das Leben genommen, weil
sie unter falschen Parolen zur Tapferkeit in einen unsinnigen
Krieg geschickt wurden?

Und dennoch ist Tapferkeit eine menschliche Haltung,
ohne die es keine Gerechtigkeit und somit keine Menschlichkeit gibt. Tapferkeit zählt zu den Kardinaltugenden.

Der in Münster lehrende, hoch anerkannte Philosoph Jo-
seph Pieper (1904–1997) erklärt, warum die Tapferkeit einer
Haltung zuzurechnen ist, die in der letzten Konsequenz ein
Ausdruck tiefer Menschlichkeit ist:

»Das Eigentliche der Tapferkeit ist nicht Angriff, nicht Selbstvertrauen und nicht Zorn, sondern Standhalten und Geduld.
Aber nicht deswegen – man kann das nicht zu häufig wieder-
holen – , weil Geduld und Standhalten schlechthin besser und
vollkommener wären als Angriff und Selbstvertrauen, sondern
deswegen, weil die wirkliche Welt so gebaut ist, dass erst im äu-
ßersten Ernstfall, der außer dem Standhalten gar keine andere
Möglichkeit des Widerstandes übrig lässt, die letzte und tiefste
Seelenstärke des Menschen sich zu offenbaren vermag. Das
Machtgefüge ›dieser Welt‹ ist von solcher Struktur, dass Standhalten, und nicht zorniger Angriff, die letztentscheidende Probe
eigentlicher Tapferkeit ist, deren Wesen ja in nichts anderem
besteht als darin: im Angesichte von Verwundung und Tod, nicht

beirrt zu irgendeinem Zugeständnis, das Gute zu lieben und zu
verwirklichen. Es gehört zu den fundamentalen Gegebenheiten
dieser durch die Erbschuld in die Unordnung gestürzten Welt,
dass die äußerste Kraft des Guten in der Ohnmacht sich erweist.
Und das Wort des Herrn: ›Siehe, ich sende euch wie Lämmer
mitten unter die Wölfe‹ (Mt 10,16) bezeichnet die auch heute
noch währende Situation des Christen in der Welt.«[56]

In einem tapferen Leben geht es also nicht um Orden und
Medaillen. Tapferkeit meint auch etwas anderes als ein heroi-
sches Gehabe. Es geht um eine Lebensgrundeinstellung.

Vor einigen Jahren hat der bekannte und populäre Schauspieler Joachim Fuchsberger ein erfolgreiches Buch geschrieben: »Altwerden ist nichts für Feiglinge«[57]. Darin erzählt er
nicht nur vom Altwerden, sondern von den vielen Grenzer-
fahrungen eines Lebens, die oftmals ohnmächtig und hilflos
machen. Erfahrungen, in denen uns unumstößlich bewusst
wird, wie sehr unser Leben oft am seidenen Faden hängt
und wie wir dann in einer Haltung der Tapferkeit annehmen
lernen müssen, was ist. Er erzählt auf den ersten Seiten des
Buches, wie er als Kind danach gefragt wurde, was er werden
wolle. Im Gegensatz zu den wohl klassischen Antworten be-
merkt Fuchsberger, dass er zwar nicht mehr wisse in welchem Alter, aber er habe geantwortet: »Ich will unabhängig
werden!« Er berichtet dann von den vielen »Alten«, die mit
diesem Nimbus, »unabhängig zu sein«, sich etwas vormachen: »Alte«, die in rosa Hemden herumlaufen, die bis zum
Bauchnabel geöffnet sind und Hosen tragen, die in betonter
Enge und löchrigem Durchsatz Körperteile betonen, die man
doch lieber übersehen möchte. Der Schauspieler will sich
nichts vormachen. Altwerden bedeutet für ihn wohl auch,

immer mehr von der einstigen Unabhängigkeit zu verlieren. Und dann fragt Fuchsberger, wann für ihn die Erfahrung der Unabänderlichkeit begann:

Vielleicht als er mit achtzehn Jahren 1945 in die Kriegsgefangenschaft geriet und damit rechnen musste, liquidiert zu werden.

Oder wie er in russischer Gefangenschaft schließlich in einem Bergwerk in tausend Meter Tiefe erleben musste, dass der Berg sich bewegte und Todesangst ihn überfiel.

>»Oder bin ich alt geworden, als ich die Dreharbeiten in dem Film ›Die feuerrote Baroness‹ in Berlin unterbrechen musste, um nach München zu fliegen, wo meine Frau nach einer Fehlgeburt mit dem Tod rang?*

Bin ich alt geworden, als unser Sohn Thomas innerhalb von acht Monaten einundzwanzig Eingriffe mit Vollnarkosen überstehen musste, und wir nicht wussten, ob wir ihn verlieren würden?

Für jeden Menschen gibt es Ereignisse, die ihn im Innersten aufwühlen, ihn verändern, sein Denken in andere Bahnen lenken, ihn reifer machen, erfahrener, älter eben. Wie der Einzelne solchen Situationen begegnet, das hängt zum großen Teil davon ab, wie unabhängig er ist, ob er frei entscheiden kann, in welchem sozialen Umfeld er lebt.«[58]

Es gibt das Unabänderliche in unserem Leben. In der Regel sind damit Ohnmachtserfahrungen verbunden. Manchmal mehr als uns lieb ist. »Da kann man nichts machen!«, ist dann oftmals unsere stille Kommentierung. Ja, es gibt Stunden, in denen uns die Hände gebunden zu sein scheinen. Und doch können wir uns dazu positionieren. Innere Stellung beziehen. Die Tapferkeit weicht nicht aus. Sie nimmt das Unabänderliche an und hält doch fest am Wert des Lebens.

Spätestens hier gilt es dem Gedanken der Tapferkeit eine biblische Grundlage hinzuzufügen. Jesus erinnert seine Jünger, dass es ein christliches Proprium gibt, das alle Tapferkeit begründet:

»Das ist mein Gebot, dass ihr einander liebt, so wie ich euch geliebt habe. Es gibt keine größere Liebe, als wenn einer sein Leben für seine Freunde hingibt. Ihr seid meine Freunde, wenn ihr tut, was ich euch auftrage. Ich nenne euch nicht mehr Knechte; denn der Knecht weiß nicht, was sein Herr tut. Vielmehr habe ich euch Freunde genannt; denn ich habe euch alles mitgeteilt, was ich von meinem Vater gehört habe. Nicht ihr habt mich erwählt, sondern ich habe euch erwählt und dazu bestimmt, dass ihr euch aufmacht und Frucht bringt und dass eure Frucht bleibt. Dann wird euch der Vater alles geben, um was ihr ihn in meinem Namen bittet« (Joh 15,12–16).

Liebe, im Sinne Jesu, ist immer Hingabe. Wahre Liebe schaut nicht auf den eigenen Vorteil, sondern sie gibt. Sie gibt dem Nächsten, doch dabei immer auch Gott. In dieser Haltung ist die liebende Nachfolge Jesu stets verwoben mit der Hoffnung, dass die Liebe nicht verloren geht. Darum scheut die Liebe auch nicht den Tod.

Die jüdische Konvertitin und spätere Karmelitin Edith Stein (1891 –1942) ist für mich ein berührendes Beispiel christlicher Tapferkeit: Als sie mit ihrer leiblichen Schwester Rosa von den Nazis aus dem holländischen Kloster Echt, in das sie zuvor aus Deutschland geflohen waren, abholt wurden, um in das Vernichtungslager Ausschwitz deportiert zu werden, sagte sie zu ihrer Schwester: »Komm, gehen wir für unser Volk!«

Edith Stein hatte zuvor glaubend bekannt, dass der Weg in den Tod für sie nicht ein Weg ins Nichts bedeutet, sondern der Weg ins Leben.

SOLIDARITÄT

Das Wort »Solidarität« gibt es in der Bibel nicht. Und doch ist die Bibel von der ersten bis zur letzten Seite inhaltlich davon bestimmt, was wir heute unter Solidarität verstehen. Solidarität ist eine biblische Haltung, die um die Gleichheit aller Menschen weiß.

Die Vernunft des Hinsehens ist das Fundament der Solidarität. Nur wer die Wirklichkeit mit ihren sozialen Unterschieden und Ungleichheiten anschauen lernt und sich davon immer wieder betroffen machen lässt, kann solidarisch handeln. Darum gibt es keine Solidarität, aus der die eigene Person herausgehalten werden kann.

Gott selbst ist solidarisch. In der biblischen Geschichte steht dafür der Regenbogen. Selbst in der tiefsten Entsolidarisierung des Menschen mit Gott, wird er seinen Bund mit den Menschen nicht mehr aufkündigen. Diese Solidarität geht soweit, dass Gott einer von uns wird. In Jesus stellt er sich Seite an Seite mit uns. »Dies ist der Kelch des neuen Bundes, mein Blut, das für euch vergossen wird!«, betet Jesus im Abendmahlssaal und nimmt somit zeichenhaft das größte Zeichen seiner Solidarität vorweg: das Kreuz. Intensiver kann Gott seine Solidarität nicht mehr unter Beweis stellen.

Zu dieser Solidarität Gottes mit den Menschen gehört, dass Gott dem Menschen einen Lebensraum übergeben hat, den der Mensch in Freiheit und Verantwortung gestalten darf.

Die Schöpfung ist also das Geschenk Gottes an den Menschen. Sie gehört nicht einigen oder wenigen, sie ist Geschenk an alle Menschen. Sie zu nutzen und zu gestalten kann darum nur ein Ziel haben: das Gemeinwohl aller. Die Forderung nach dem Gemeinwohl aller ist nicht eine besondere ethische Sinnspitze für besonders Fromme. Das Gemeinwohl aller Geschöpfe ist die von Gott in die Schöpfung eingewebte tiefste Sinnabsicht, in der wir das Leben menschlich und gottgefällig gestalten können.

Die Wirklichkeit sieht allerdings anders aus. Papst Franziskus erinnert in seiner Enzyklika »Laudato si« mit mahnenden Worten daran, dass es unter den Menschen eine neue Solidarität braucht, die das Gemeinwohl aller will:

>»In der gegenwärtigen Situation der globalen Gesellschaft, in der es so viel soziale Ungerechtigkeit gibt und immer mehr Menschen ausgeschlossen und ihrer grundlegenden Menschenrechte beraubt werden, verwandelt sich das Prinzip des Gemeinwohls als logische und unvermeidliche Konsequenz unmittelbar in einen Appell zur Solidarität und in eine vorrangige Option für die Ärmsten. Diese Option bedeutet, die Konsequenzen aus der gemeinsamen Bestimmung der Güter der Erde zu ziehen, doch—wie ich im Apostolischen Schreiben Evangelii gaudium auszuführen versuchte—verlangt sie vor allem, sich die unermessliche Würde des Armen im Licht der tiefsten Glaubensüberzeugungen vor Augen zu führen. Es genügt, die Wirklichkeit anzuschauen, um zu verstehen, dass diese Option heute ein grundlegender ethischer Anspruch für eine effektive Verwirklichung des Gemeinwohls ist.«[59]

Die Solidarität mit allen Menschen, besonders mit den Armen und Notleidenden, ist nicht einfachhin die Ableitung eines ethischen Appells, um die Welt ein bisschen besser zu machen. Solidarität hat zuallererst einen anderen Ursprung. Es ist die Dankbarkeit darüber, dass wir alle in dieser Welt Empfangende sind. Die Welt und die Gaben der Schöpfung sind nicht unser Machwerk, nicht Produkt unseres Schaffens. Alles, was wir empfangen, alles, was uns zum Leben geschenkt ist, kommt aus einer Leihgabe Gottes, der uns und allen Menschen in der Gegenwart, aber ebenso allen Menschen, die noch nach uns kommen werden, diese Schöpfung als Lebensraum geschenkt hat.

Darum schreibt Papst Franziskus weiter:

>*Der Begriff des Gemeinwohls bezieht auch die zukünftigen Generationen mit ein. Die internationalen Wirtschaftskrisen haben in aller Härte die schädlichen Auswirkungen gezeigt, welche die Verkennung eines gemeinsamen Schicksals mit sich bringt, aus dem jene, die nach uns kommen, nicht ausgeschlossen werden können. Ohne eine Solidarität zwischen den Generationen kann von nachhaltiger Entwicklung keine Rede mehr sein. Wenn wir an die Situation denken, in der der Planet den kommenden Generationen hinterlassen wird, treten wir in eine andere Logik ein, in die des freien Geschenks, dass wir empfangen und weitergeben. Wenn die Erde uns geschenkt ist, dann können wir nicht mehr von einer utilitaristischen (zweckorientierten) Kriterium der Effizienz und der Produktivität für den individuellen Nutzen her denken. Wir hier ... von einer grundlegenden Frage der Gerechtigkeit, da die Erde, die wir empfangen haben, auch jenen gehört, die erst noch kommen.«*[60]

Solidarität ist somit mehr als nur eine politische Option. Es ist vielmehr jene christliche Haltung, die aus der Solidarität Gottes mit uns Menschen hervorgeht. Solidarität weiß zuerst um das Geschenk des Lebens. Sie erinnert sich immer wieder neu daran, dass dieses Geschenk des Lebens, das in Gott seinen Ursprung hat, in jedem Menschen sichtbar und erfahrbar wird. Darum geht Solidarität nicht ohne das Teilen der Güter und ohne das Zugeständnis des Gemeinwohls für alle.

Darum ist christliche Solidarität etwas anders als nur Almosen zu geben. Solidarität, die sich aus der Solidarität Gottes mit uns Menschen ableitet, nimmt auch die Strukturen in den Blick, die zur ungerechten Verteilung der Güter unter den Menschen führen. Kein anderer als der amerikanische Bürgerrechtler und Baptistenpastor Martin Luther King (1929–1968) fasst diese Haltung so zusammen.

>>Gewiss ist unsere erste Verpflichtung, die Rolle des barmherzigen Samariters für alle diejenigen zu übernehmen, die am Wege liegengeblieben sind. Aber das ist nur der Anfang. Eines Tages müssen wir begreifen, dass die ganze Straße nach Jericho geändert werden muss. Wahre Solidarität ist mehr als die Münze, die man dem Bettler hinwirft; sie ist nicht so zufällig und gedankenlos. Sie kommt zu der Einsicht, dass ein Haus, das Bettler hervorbringt, umgebaut werden muss.<<[61]

Solidarität ist eine christliche Haltung, die das Ganze sieht. Sie sieht das ganze Haus, das Haus der Schöpfung, das wir aus den Händen Gottes empfangen haben. Dieses Haus soll für alle Menschen in gleicher Weise so bewohnbar werden, dass würdevolles Leben möglich wird. Und dieses Haus gilt es zu erhalten, denn unsere Solidarität schließt die mit ein, die als die nachkommenden Generationen ebenfalls auf dieser Erde leben sollen. Um dieses Ziel zu erreichen, braucht es eine Motivation. Sie lässt sich finden im Glauben. Noch einmal Papst Franziskus in »Laudato si«:

> »Im Herzen dieser Welt ist der Herr des Lebens, der uns so sehr liebt, weiter gegenwärtig. Er verlässt uns nicht, er lässt uns nicht allein, denn er hat sich endgültig mit unserer Erde verbunden, und seine Liebe führt uns immer dazu, neue Wege zu finden. Er sei gelobt.«[62]

STELLVERTRETUNG

Können wir stellvertretend für einen anderen Menschen, für eine Gruppe von anderen Menschen eintreten? Und: gibt es so etwas wie eine Stellvertretung vor Gott?

Stellvertretung ist uns in bestimmten amtlichen Vorgängen sehr wohl vertraut. Mit einem kleinen Schreiben beauftrage ich eine andere Person in meinem Namen ein Päckchen bei der Post abzuholen. Auch für meine Bankgeschäfte kann ich jemanden benennen, der in meinem Namen Geld abheben kann. Immer geht dies aber nur dann, wenn der Stellvertreter, die Stellvertreterin dafür einen eigenen Auftrag hat. Mit einer entsprechenden Unterschrift muss der Vorgang anerkannt sein.

Doch Stellvertretung begegnet uns darüber hinaus schon in den einfachen Vollzügen unseres Alltags: »Kannst du für mich ein gutes Wort einlegen?« »Grüß bitte schön von mir!« »Ich soll Dir von Herrn N.N. sagen ...!« Alles Ausdrucksformen eines stellvertretenden Handelns und Denkens.

Können wir stellvertretend für andere bei Gott eintreten?

Der bekannte Benediktinermönch und geistliche Schriftsteller Anselm Grün hat einmal von einer ganz eigenen Stellvertretung berichtet:

»Ein Missionar erzählte mir, er sei jeden Morgen um 5:00 Uhr in die Kirche gegangen, um sein Brevier zu beten und zu meditieren. Sobald er aufgeschlossen hatte, kam auch ein alter Katechet und setzte sich eine ganze Stunde schweigend in die Kirche. Er fragte ihn einmal, was er denn da tue. Da erklärte er ihm: Ich gehe das ganze Dorf durch, Hütte für Hütte. Ich stelle mir die Leute vor, die darin wohnen, wie es ihnen geht, worunter sie leiden, was sie brauchen und wonach sie sich sehnen. Und dann segne ich sie. Dazu brauche ich eine ganze Stunde.«[63]

Ein Pfarrer hat mir vor einigen Jahren erzählt, dass er sich stets abends nach seinem Abendgebet an sein Schlafzimmerfenster stellt und besonders all die Menschen segnet, mit denen er den Tag über zusammen war. Und dann würde er Gott stellvertretend jeden Einzelnen seiner Gemeinde anempfehlen. Gibt es so etwas wie eine Stellvertretung im Glauben?

Eine schwere Frage. Der Apostel Paulus erinnert an manchen Stellen seiner Briefe, dass Jesus für uns stellvertretend vor Gott steht. Dabei greift Paulus auf die Gottesknechtslieder im Buch des Propheten Jesaja zurück. Dort heißt es über den Gottesknecht:

*»Mein Knecht, der gerechte, macht die Vielen gerecht; /
er lädt ihre Schuld auf sich« (Jes 53,11).*

Eine solche Möglichkeit der Stellvertretung sieht auch Paulus:

*»Einer ist für alle gestorben« (2 Kor 5,14 f.);
»Gott hat den Sündlosen für uns zur Sünde gemacht«
(2 Kor 5,21 f.);*

»Jesus Christus hat sich für uns zum Fluch gemacht, um uns vom Fluch des Gesetzes loszukaufen« (Gal 13,3).

Und in jeder Eucharistiefeier beten wir in einem wohl ähnlichen Verständnis der Stellvertretung über den Kelch:

»Das ist der Kelch des neuen Bundes, mein Blut, dass für Euch und alle vergossen wurde zur Vergebung der Sünden!«

In einem der ersten Bücher von Papst Benedikt XVI., die viel gelesene »Einführung in das Christentum«, fügt der ehemalige große theologische Lehrer noch einen weiteren Gedanken zur Stellvertretung hinzu:

»In der griechischen Philosophie gibt es eine eigentümliche Vorahnung dieses Zusammenhangs: Platons Bild vom gekreuzigten Gerechten. Der große Philosoph fragt sich in seinem Werk über den Staat, wie es wohl um einen ganz und gar gerechten Menschen in dieser Welt bestellt sein müsste. Er kommt dabei zu dem Ergebnis, dass die Gerechtigkeit eines Menschen erst dann vollkommen und bewährt sei, wenn er den Schein der Ungerechtigkeit auf sich nehme, denn dann erst zeige sich, dass er nicht der Meinung der Menschen folgt, sondern allein zur Gerechtigkeit um ihrer selbst willen steht. So muss also nach Platon der wahrhaft Gerechte in dieser Welt ein Verkannter und Verfolgter sein, ja, Platon scheut sich nicht zu schreiben: ›Sie werden denn sagen, dass der Gerechte unter diesen Umständen gegeißelt, gefoltert, gebunden werden wird, dass ihm die Augen ausgebrannt werden und dass er zuletzt nach allen Misshandlungen gekreuzigt werden wird ...‹ Dieser Text, 400 Jahre vor Christus niedergeschrieben, wird einen Christen immer wieder tief bewegen. Vom Ernst philosophischen Denkens

her ist hier erahnt, dass der vollendete Gerechte in der Welt der
gekreuzigte Gerechte sein muss; es ist etwas geahnt von jener
Offenbarung des Menschen, die sich am Kreuz zuträgt.«[64]

Es fällt nicht schwer, von diesen Überlegungen Platons her
sofort an den Kreuzestod Jesu zu denken. Denn an diesem Kreuz
wird offenbar: Wir Menschen können den einzigen Gerechten
der Marter des Kreuzes übergeben. Es gibt unter uns Menschen
die Sünde, die Gerechtigkeit nicht auszuhalten. Aber ebenso offenbart der Tod des Gerechten am Kreuz, wie Gott ist. Er nimmt
sich der Gerechtigkeit dieses einen an, und weil dieser eine,
Jesus Christus, alle Menschen in seinem Herzen trägt, kann Gott
und will Gott nicht anders, als alle Menschen mit ihm in seiner
großen Barmherzigkeit teilhaben zu lassen an der Frucht des
Kreuzes, die das Ewige Leben ist.

Dietrich Bonhoeffer konkretisiert diesen Gedanken noch einmal auf seine Weise:

»Jesus war nicht der Einzelne, der zu einer eigenen Vollkommen-
heit gelangen wollte, sondern er lebte nur als der, der in sich das
Ich aller Menschen aufgenommen hat und trägt. Sein gesamtes
Leben, Handeln und Leiden war Stellvertretung. Was die Menschen
leben, handeln und leiden sollten, erfüllte sich an ihm. In dieser
realen Stellvertretung, die seine menschliche Existenz ausmacht,
ist er der Verantwortliche schlechthin. Weil er das Leben ist, ist
durch ihn alles Leben zur Stellvertretung bestimmt.«[65]

Gibt es eine Stellvertretung für meine Mitmenschen vor Gott?
Das Apsis-Bild einer Kirche zeigt Jesus in der Mitte. Um ihn herum einfache Menschen, Kranke, Behinderte, Junge und Alte. Er
streckt die Hände nach ihnen aus, als Zeichen, dass er sie sieht

und zu ihnen gehören will. Diese Zugehörigkeit zu ihm schafft uns den Zugang zu Gott unserem Vater. Denn Jesus nimmt uns mit, als der, der »das Ich aller Menschen aufgenommen hat und trägt«. Dieses »Getragen-Werden« ist ein anderes Bild für das, was die Heilige Schrift mit Stellvertretung meint. Wo wir somit in Gemeinschaft mit Christus unsere Lieben betend mit vor Gott tragen, werden wohl auch sie auf geheimnisvolle Weise in seine Verheißung mit hineingezogen.

MUTIG

Was ist mutig? Meine mutigste Tat, an die ich mich heute schmunzelnd erinnere, war, als ich das erste Mal im Vorschulalter, mit meinen Eltern und meinem Bruder das Schwimmbad besuchte. Noch nie zuvor war ich in einem größeren Schwimmbad gewesen. Sofort nahm mich die große Rutsche gefangen. Da wollte ich runter. Gesagt getan. Oben angekommen sah die Welt schon wieder ganz anders aus. Da sollte ich runter? Aber ein Zurück gab es nicht mehr. Zu viele Kinder standen auf der Treppe, mit der man die Rutsche besteigen musste. Also runter! Hätte da nicht mein Vater am Ende der Rutsche gestanden, weiß ich nicht, ob ich Ihnen heute dieses Wort schreiben würde. Jedenfalls hat mich seine feste Hand aus der Tiefe nach oben gezogen und ich weiß heute noch, wie gut es tat, wieder Luft zu bekommen. War das mutig? Oder eher leichtsinnig? Oder gar dumm?

Mut ist etwas anderes als »Waghalsigkeit«. Mut erfordert eine innere Haltung. Die Dichterin Hilde Domin (1909–2006) wurde 1986 in einem Interview gefragt und definiert Mut einmal im Hinblick auf ihre eigene Zunft so:

»Ein Schriftsteller braucht drei Arten von Mut. Den, er selber
zu sein. Den Mut, nichts umzulügen, die Dinge beim Namen zu
nennen. Und drittens den, an die Anrufbarkeit der anderen zu
glauben.«[66]

Mut beginnt also mit der Selbsterkenntnis. Und das bedeutet, sich der eigenen Grenzen bewusst zu werden. Gleichzeitig gilt es, sich selbst dabei nichts vorzumachen. Nur wer authentisch ist, kann zu seiner Meinung stehen und sie vertreten. Zu dieser Authentizität zählt dann auch die Erkenntnis, dass man nicht alles weiß und nicht alles kann. Nur wer seine Grenzen wahrnimmt und eingestehen kann, ist kommunikationsfähig. Dazu gehört Mut.

Und dann geht es beim Mut immer um Wahrhaftigkeit. Der Meinung, der Einstellung und dem Urteil nichts hinzufügen, aber ebenso auch, nichts wegzulassen. Die Dinge sind so anzusprechen, wie sie sind. Zum Mut zählen Sachlichkeit und Aufrichtigkeit. Es ist immer schon viel in einer Auseinandersetzung gewonnen, wenn klar und unmissverständlich gesagt wird, worum es geht.

Hilde Domin nennt ein Drittes: Jede Kommunikation braucht den Mut, darauf zu vertrauen, dass mein Gegenüber hören will, sich einlassen kann und bereit ist, zu antworten. Nur im Mut des Vertrauens, dass der andere, die andere sich von meiner Meinung und Position »innerlich berühren« lässt, kann ich es wagen, in eine Beziehung zu treten.

Was Hilde Domin so besonders für die Schriftsteller in den Blick nimmt, gilt letztlich für jeden von uns. Mut ist nicht nur etwas für besondere Menschen. Nicht ohne Grund sprechen wir vom »Lebensmut«, der jeden Menschen zu eigen sein

155

soll. Dieser Mut zum Leben hat als Fundament die eigene Selbstwertschätzung. Mut bleibt nur Mut in der nüchternen und wahrhaftigen Wahrnehmung der Wirklichkeit. Und zum Mut zählt ein Grundvertrauen in die Begegnungen zu unseren Mitmenschen.

Wie lässt sich ein solcher Mut zum Leben finden?

Der Naturforscher und Mathematiker Georg Christoph Lichtenberg (1742–1799) gibt darauf eine bedenkenswerte Antwort:

>*»Eine der schwersten Künste für den Menschen ist wohl die, sich Mut zu geben. Diejenigen, denen er fehlt, finden ihn am ehesten unter dem mächtigen Schutz eines, der ihn besitzt und der uns dann helfen kann, wenn alles fehlt. Da es nun so viele Leiden in der Welt gibt, denen mit Mut entgegenzugehen kein menschliches Wesen einem Schwachen Trost genug geben kann, so ist die Religion vortrefflich. Sie ist eigentlich die Kunst, sich durch Gedanken an Gott ohne weitere andere Mittel Trost und Mut im Leiden zu verschaffen und Kraft demselben entgegenzuarbeiten.«[67]*

Im Johannesevangelium wird einmal erzählt, wie griechische Pilger während der Wallfahrt zum Paschafest nach Jerusalem kommen und sich dem Apostel Philippus, ihrem Landsmann, zuwenden, damit der ihnen die Chance vermittelt, Jesus zu sehen (Joh 12,20–36). Sie hatten wohl von ihm gehört, mitbekommen, wie er den Menschen Lebensmut zusprach. Jetzt wollten sie ihn selbst kennenlernen. Aber Jesus eignet sich nicht für Autogrammjäger. Stattdessen wendet er sich den Jüngern zu und belehrt sie. Er hält ihnen vor Augen, dass sein begonnener Weg nun besonderen Mut braucht. Seine

Botschaft vom liebenden Vater ist nicht nur auf Beifall gestoßen. Die Schlinge zieht sich zu. Wird der Mut reichen, auch in der Bedrängnis standzuhalten? Jedenfalls offenbart Jesus an dieser Stelle sein Selbstverständnis. Er braucht dafür ein Bild:

»Wenn das Weizenkorn nicht in die Erde fällt und stirbt, bleibt es allein, wenn es aber stirbt bringt es reiche Frucht« (Joh 12,24).

Jesus sagt diesen Satz nicht einfach so daher. Es heißt, dass er bei diesem Gedanken zutiefst erschüttert war. Jesus kennt Angst. Jesus weiß auch, dass man in der Gefahr weglaufen will. Zuvor wurde dieses Wort des »Erschüttert-Seins« schon einmal im Johannesevangelium über Jesus gesagt. Es war beim Tod seines Freundes Lazarus. Er steht vor dem Grab und ist über den Tod des Lazarus erschüttert und weint (Joh 11,33). So jetzt auch in dieser Stunde. Doch viel wichtiger ist die tröstliche Seite des Bildwortes. Sie verrät uns, was Jesus geglaubt hat. Er selbst vertraut in der Krise darauf, dass sein Martyrium nicht umsonst ist: »Wenn das Weizenkorn in die Erde fällt, bringt es reiche Frucht«, das ist der Glaube Jesu in der ausweglosen Stunde, in der er bereits die Aufrichtung des Kreuzes auf Golgotha vor sich sieht. Jesus ist erschüttert über die Macht des Todes, aber er weiß um Gottes Herrlichkeit, um Gottes wuchtige Kraft, die dem Tod dessen tödlichen Stachel nehmen wird.

Da kommen wildfremde Menschen und wollen Jesus sehen. Die Frage stellt sich: Was wollen wir an Jesus sehen? Man kann am Oberflächlichen hängen bleiben. Jesu Wort vom Weizenkorn reicht tiefer und es zeigt, dass er mit seinem ganzen Mut an Gott auch und gerade in der Bedrängnis festgehalten hat. Er ist durch den Kreuzestod gegangen, damit wir in seiner

Gemeinschaft Mut finden: Den Mut, die Liebe zu leben und uns so an unsere Mitmenschen zu verschenken. Wir sind eingeladen, nicht die vordersten Plätze einzunehmen, sondern eher dem Nächsten zu dienen. Manchmal erscheint das wie ein Verlust. Manchmal ist es vielleicht auch so, wie wenn man uns wie ein Weizenkorn in die dunkle Erde senkt. Aber letztlich, so kann man bei Jesus sehen, gewinnt man alles. Denn Gott hat seinen Mut, mit dem er auf die Liebe setzte, nicht Lügen gestraft. Er hat ihn ins Leben gerufen und seitdem ist jeder Mut zur Liebe ein Weg ins Leben.

Was ist mutig? Ich finde Mut in der Begegnung mit Jesus: es ist der Mut zur Hoffnung, dass keine Liebe vergebens ist.

DEMÜTIG

Was würden Sie antworten, wenn jemand Sie fragt: Sind sie demütig? Über Demut spricht man nicht gerne. Und doch gehört die Demut zu einer jüdisch-christlichen Lebenshaltung. Demut beginnt dort, wo ich anerkenne, dass es einen Größeren über mir gibt und gleichzeitig, dass ich mich diesem Größeren verdanke. Demut bedeutet die Anerkennung, dass Gott der Schöpfer allen Lebens ist. Demut bedeutet, dass ich mich ihm verdanke. In dieser Anerkennung soll der Mensch im Sinne des Schöpfers mit Mut und Entschlossenheit handeln. Demut bedeutet daher dienen mit Mut.

Ich erinnere mich an meine Erstkommunion. Der Pfarrer, den ich sehr mochte, hatte einen Autounfall. Über mehrere Monate war er daraufhin aufgrund seiner Verletzungen ans Krankenbett gebunden. Eine Vertretung musste gefunden werden. Es kam ein holländischer Pater, der einem belgischen

Orden angehörte: Pater Karl Noldus. Er übernahm die Vertretung auch im Erstkommunionunterricht. Er erzählte von seiner Insel Celebes, die zu Indonesien gehört, von Schlangen und Orang-Utans, von gefährlichen Spinnen und der Gefahr des Urwaldes. Wir hingen an seinen Lippen. Er predigte total unkompliziert, erzählte Geschichten und sein holländischer Akzent bewirkte eine Sprachmelodie, der man gerne zuhörte. So gewann er nicht nur uns Kinder für sich, sondern wurde ein Freund vieler Erwachsener in der Gemeinde. Aus dieser Vertretung wurde dann eine große Partnerschaft, die sogenannte »Pater-Noldus-Aktion«. Immer und immer wieder wurde für ihn gesammelt. Alle Schokoladen und andere haltbare Süßigkeiten, die wir bei der Sternsinger-Aktion im Januar eines jeden Jahres geschenkt bekommen hatten, haben wir abgegeben. Freiwillig für die Kinder in Indonesien. Große Seekisten mit Medikamenten, Brillen, hochwertigen Lebensmitteln, Decken, Nähmaschinen, Handwerkzeug und auch sakrale Gegenstände wurden nach Celebes verschifft. Für die Aufrechterhaltung der Schulen, Internate und Ausbildungsstätten hat diese Aktion große finanzielle Beiträge geleistet. Über 30 Jahre hat Pater Noldus mit der großen Unterstützung meiner Heimatgemeinde in Gütersloh in Indonesien gewirkt. Er wurde zum Bischofsvikar ernannt; eine Ernennung, die noch einmal unterstrich, welche Bedeutung Pater Noldus als Missionar für die Menschen auf der Insel Celebes hatte. Ende der 70er Jahre wurde er krank. Er konnte nicht in Indonesien bleiben. Das Klima und andere Umstände ermöglichten keine dauerhafte Gesundung. So kam er zurück nach Deutschland und auch zurück in unsere Gemeinde. Die hatte gerade, aufgrund des schon damals beginnenden Priestermangels, den Kaplan verloren. Pater Noldus sprang ein. Er war der

Meinung: »Ihr habt mir lange in meiner Mission geholfen. Jetzt helfe ich euch!« Und so übernahm er für einige Jahre als über 70-Jähriger die Aufgabe eines Kaplans in der Gemeinde. Ich habe noch vor Augen, wie er wie ein kleiner Ministrant beim Üben für die Osternacht den Anweisungen des Pfarrers folgte. Ich habe noch vor Augen, wie er die Menschen besuchte, ohne amtlichen Dünkel, ohne episkopale Erhabenheit. Ich spüre heute noch die Freude in mir, als er mich als Theologiestudent einlud, mir das »Du« anbot und sich für mein Fortkommen im Studium interessierte. Wir haben dann zusammengesessen, einen guten Wein getrunken – und zugegebenermaßen – starke Guillous geraucht.

Eines Tages erzählte er mir, dass er sich nun doch verändern wolle. Er habe gerne in der Gemeinde priesterlich gewirkt, die ihm in seiner Mission so sehr unterstützt hatte. Aber nun wolle er noch einmal auf eigenen Beinen stehen und er wurde ein eigenständiger Pfarrer in einer kleinen Gemeinde im Sauerland.

Immer wenn ich beschreiben soll, was Demut ist, denke ich an Pater Noldus. Er hatte Mut zum Dienen. Aber es war keine Katzbuckelei, keine krankhafte Unterwürfigkeit, kein sich klein machen, um dann doch in den Augen anderer groß zu sein. Pater Noldus hatte ein »demütiges Selbstbewusstsein«! Er wusste, was er wollte und er konnte sagen, jetzt ist es genug. Seine demütige Haltung war gepaart mit einer spürbaren Freude, für die Menschen da sein zu dürfen. Seine Demut war nicht Erniedrigung, sondern eine spürbare Kraft, Menschen für den Dienst am Mitmenschen zu gewinnen.

In Dostojewskis Roman »Die Brüder Karamasoff« sagt Starez Sosima:

»Vor gar manchen Gedanken bleibt man im Zweifel befangen stehen, besonders wenn man die Sünden der Menschen sieht, und man fragt sich: ›Soll man es mit Gewalt anfassen oder mit demütiger Liebe?‹ Entscheide dich immer für ›demütige Liebe‹. Wenn du dich ein für allemal dazu entschlossen hast, so wirst du die ganze Welt bezwingen. Die ›demütige Liebe‹ ist eine furchtbare Kraft; sie ist die allergrößte Kraft und ihresgleichen gibt es nicht.«[68]

Das wahre Bild der demütigen Liebe ist Jesus Christus. Am letzten Abend vor seinem Tod übernimmt er den Dienst eines Sklaven und wäscht den Jüngern die Füße. Er nennt diesen Dienst Zeichen. Ein Zeichen der demütigen Liebe. Es geht Jesus in diesem Zeichen um mehr als nur um einen besseren Appell. Das Zeichen der Fußwaschung soll den Jüngern eine Deutungshilfe sein, für das, was einen Tag später am Kreuz geschieht. In demütiger Hingabe geht Jesus den Weg des Kreuzes, damit die Jünger glauben lernen, dass Gott selbst Mut zum Dienen hat. Das Kreuz ist das Zeichen der »demütigen Liebe« Gottes. Darum sagt Jesus den Jüngern in dieser Stunde:

»Ein neues Gebot gebe ich euch: Liebt einander! Wie ich euch geliebt habe, so sollt auch ihr einander lieben« (Joh 13,34).

Die Liebe Gottes ist eine wehrlose Liebe, die uns Menschen dienen will, damit wir Vertrauen lernen. Diese demütige Liebe Gottes ist nicht kraftlos. Sie hat eine furchtbar schöne Kraft. Eine Kraft, die alle Herzen verändert, die sich für sie öffnen. So ist die »demütige Kraft« des Kreuzes eine Kraft, die die Welt verändert.

Christliche Demut ist nicht Ausdruck eines heroischen Willensaktes. Sie hat auch nichts mit falscher Unterwürfigkeit zu tun. Sie hat als erste Quelle die Dankbarkeit. Die Dankbarkeit darüber, dass uns das Leben durch Gott geschenkt wurde und dass Gott seine Liebe zu uns in der Hingabe Christi am Kreuz noch einmal verständlich gemacht hat. Diese Liebe weiterzugeben geht nur in der Freude und einer Demut, die sich selbst bejaht.

GNADE

Mein Vater war immer besonders stolz auf seinen Garten. Er brachte reichere Früchte hervor als bei allen Nachbarn ringsum. Warum? Als er vor über sechzig Jahren das Grundstück gekauft hatte, um darauf ein Haus zu bauen, war ihm aufgefallen, dass das Grundstück in einer Senke lag. Bevor er also mit dem Hausbau begann, musste das Grundstück mit neuer Erde aufgefüllt werden. Dabei hatte er ein besonderes Augenmerk darauf gelegt, dass im Gartenbereich guter Humusboden aufgetragen wurde. Er wusste, auf den Boden kommt es an. Hier lag ein Grund für die segensreichen späteren Erträge des Gemüsegartens.

Aber das allein war noch nicht ausreichend. Uns Kindern lehrte er eine eigene westfälische bäuerliche Regel. Sie hieß: «Wo kein Mistus, da kein Christus». Also: mit anderen Worten: Wo der Acker nicht bestellt wird, wo man ihn nicht regelmäßig am Anfang des Jahres aufreißt und umgräbt, wo ihm keine Nährstoffe zugeführt werden, da kann nichts wachsen. Jeder noch so gute Acker bedarf der ständigen Pflege. Nur unter diesen Voraussetzungen, das habe ich im Umgang mit der Humuserde unseres Gartens ganzheitlich gelernt, war mit reicher Ernte zu rechnen.

Allerdings, dann gab es auch das andere. Es gehörte zum regelmäßigen Sonntagsritus, dass nach der Aussaat und der Bestellung des Ackers mein Vater durch die Rabatten ging, um die aufkeimende Saat regelmäßig zu beobachten. Besonders wenn die Großeltern oder andere Verwandte zu Besuch kamen, machte man einen Gang durch den Garten. Und dann wurde festgestellt: Die Bohnen kommen gut, aber die Erbsen wollen gar nicht werden, obwohl man sie schon ein zweites Mal nachgelegt hatte. Die Erdbeeren waren gar nichts geworden, weil das Frühjahr und der Frühsommer zu feucht waren, dafür gedieh aber der Weißkohl ganz besonders gut. Als Resümee solcher Begehungen pflegte der Vater dann abschließend zu sagen: »Man weiß manchmal gar nicht, woran es liegt!« Ja, das war die andere Seite landwirtschaftlicher Erfahrung: Man konnte den Acker noch so gut im Vorfeld bestellt haben, ob etwas wuchs oder nicht war noch einmal von ganz anderen Faktoren abhängig. Wachsen und Werden lagen nicht nur in den eigenen Händen. Ob etwas wuchs oder nicht, ob die Ernte reich oder karg ausfiel, lag noch einmal in der Hand eines anderen.

Diese landwirtschaftliche Erfahrung ist in gewisser Hinsicht der Hintergrund des Gleichnisses Jesu, das er über das Wachsen und Werden des Reiches Gottes erzählt. Da ist die unterschiedliche Beschaffenheit des Bodens. Dies ist mit Ursache dafür, ob aus der Saat etwas wird oder nicht. Jesus verschweigt diese Wahrheit nicht.

Allerdings liegt der erste Akzent des Gleichnisses auf einer anderen Bemerkung. Dieser Akzent wird in einem einzigen Satz gleich zu Anfang wie ein Paukenschlag den Zuhörern in

Erinnerung gerufen: »Ein Sämann ging aufs Feld, um zu säen«
(Mk 4,1–9). Ich erinnere mich immer wieder bei diesem Satz
an das großartige Gemälde von van Gogh: Da steht in der
Mitte des Bildes der Sämann, der mit großen Händen in den
Saatkorb greift und mit großen ausladenden Armbewegungen
den Samen auf den Acker wirft. Im Hintergrund die goldene
Sonne, die Ursache allen Wachsens.

Davon möchte das Gleichnis zuallererst reden. Gott sät.
Er streut mit großer Fülle die Saat aus. Dabei achtet der Sämann nicht, wohin der Samen fällt. Ob guter oder schlechter Boden, ob in die frischen gepflügten Furchen oder
auf dem Weg, der Sämann sät. Wir würden sagen: Ohne
Rücksicht auf Verluste. Hier liegt der Grund für den großen
Erfolg: Weil der Sämann nicht ängstlich und kleinlich sät,
steht am Ende die dreißigfache, sechzigfache, ja hundertfache Frucht.

Jesus erzählt ein Gleichnis über die Wirksamkeit des
Wortes Gottes. Es beginnt mit einer Aussage über Gott selbst.
Er behält sein Wort nicht für sich. Gott verschweigt sich dem
Menschen gegenüber nicht. Immer wieder streut er durch
die Geschichte sein Wort aus. Und er tut es im reichen, ge-
häuften, unendlichen Maß. Gott geht mit der Aussaat seines
Wortes nicht sparsam um.

Darum ist es die Haltung des Glaubenden zuzulassen, dass
Gott sein Wort in unsere Herzen auswerfen darf. Es beginnt
damit, dass wir sein Wort, das in der Heiligen Schrift zu uns
gesprochen ist, aufmerksam hören. Es immer wieder über
uns aussprechen zu lassen, sodass es, oftmals dann auch mit
unserem Zutun, reiche Früchte bringen kann.

Der englische Kardinal Basil Hume beschreibt diese Haltung eines Glaubenden einmal so:

»Vor vielen Jahren hatte ich einen Freund, der von Geburt an blind war. Für ihn war es das Größte, bei Kricketspielen dabei zu sein. Wie das aussah, davon hatte er keine Vorstellung. Und dennoch hatte er eine verrückte Leidenschaft für Kricket. Ich nahm ihn öfter zu Spielen mit, setzte mich neben ihn und kommentierte wie ein Radioreporter. Gebannt hörte er zu und verfolgte aufgeregt alles mit. Mein Freund war ganz abhängig von dem, was ich ihm sagte. Ich hätte ihm alles Mögliche erzählen können. Es hätte sein können, dass wir nicht einmal bei einem Kricketspiel waren. Doch natürlich bemühte ich mich, das Spiel möglichst gut zu beschreiben, und so war er ganz bei der Sache. Dieses Erlebnis mit meinem blinden Freund hat mich einiges über den Glauben gelehrt. In gewisser Weise sind wir alle blind. Ich sehe Gott nicht mit meinen Augen, ich sehe Jesus nicht in der Eucharistie. Ich habe ihn nicht von den Toten auferstehen sehen. Ich kann Gott auch nicht mit meinen Händen berühren, höre mit meinen Ohren nicht seine Stimme. Wir alle sind ganz und gar abhängig von dem, was Gott uns sagt. Und er spricht zu uns durch sein Wort, durch die Heilige Schrift. Darum ist es so wichtig zu hören, was Gott uns durch die Heilige Schrift sagt.«[69]

Wo wir hören, wo wir zulassen, dass Gott sein Wort in unserem Herzen aussäen darf, da beginnt die Verheißung Wirklichkeit zu werden: Es wird hundertfache, sechzigfache, dreißigfache Frucht.

GOTTESLIEBE

Es gibt eine Erfahrung in meinem Leben, über die ich bis heute nur schwer reden kann, die aber dennoch für mich eine der wichtigsten Lehrstunden war. In den ersten Wochen der Priesterseminarausbildung nach dem Hochschulstudium gehörte ein Krankenhauspraktikum zu unserer Ausbildung. Zusammen mit mehreren Seminaristen fuhr ich dazu nach Münster. An der Uniklinik in Münster gab es zwei namhafte Priester, die uns in der Seelsorge mit Kranken begleiten sollten. Nach einer Einführung über den Krankenhausbetrieb und ersten Hinweisen, was es in der Seelsorge an Kranken zu beachten gilt, wurden wir auf die Stationen der Uniklinik geschickt, um unsere ersten Besuche zu machen. Mich brachte der Krankenhausseelsorger gleich am zweiten Tag auf die onkologische Station. Zugegebenermaßen: ich hatte bis zu diesem Zeitpunkt noch keine Begegnungen mit an Krebs erkrankten Menschen. Ich betrat mutig das erste Zimmer. Ein Sechsbettzimmer. Links von mir, vor dem Fenster und der Tür gegenüber sah ich einen Mann im Bett liegen, der äußerlich sichtbar sehr schwer erkrankt schien. Vor ihm eine jüngere Frau. Sofort schoss es mir durch den Kopf: Wer ist diese Frau? Seine Tochter? Seine Ehefrau? Kann das sein?

Ich begann mich den Patienten zuzuwenden. Das erste Gespräch führte ich mit einem Mann, der genau vor dem schwer Erkrankten lag. Es ging relativ leicht. Der Mann war nach einer Operation wieder auf dem aufsteigenden Ast. Er hatte gute Laune und sollte bald entlassen werden. So ähnlich erging es mir mit den weiteren vier Besuchen in diesem Zimmer. Aber immer wieder wurde mein Blick auf das Bett mit dem schwerkranken Mann und der davorsitzenden jungen Frau gelenkt. Als ich schließlich zu ihnen trat, hatte ich mich innerlich unbewusst festgelegt: Die Frau vor dem Bett konnte doch nur seine Tochter sein! Und dann habe ich alles falsch gemacht, was man in der Seelsorge an Kranken falsch machen kann.

Der abgemagerte Mann wollte mir die Hand geben. Mühsam wollte er die Hand unter der Bettdecke hervorziehen. Nein, das ist nicht nötig, dachte ich bei mir. »Lassen sie nur!« Und ich begrüßte den Mann freundlich, indem ich mich zu ihm beugte. Dann wandte ich mich um. »Und Sie? Sie sind?« Sie sagte: »Die Ehefrau!« Ich spüre noch heute den Schock, der mir durch die Glieder fuhr. Sofort wurde mir die leidvolle und fürchterliche Wahrheit bewusst: Hier saß eine junge Ehefrau an der Seite ihres sterbenden jungen Mannes. Das hatte ich anders gedacht! Ich verstummte. Mir fielen keine Worte ein. Es war für mich unerträglich. So sehr hatte mich das Leid zweier Menschen selbst getroffen. Schließlich wünschte ich noch (dummerweise) alles Gute und teilte den beiden mit, dass ich morgen wiederkäme. Ich bin dann aus dem Zimmer gestürmt, habe mich am Ende des Krankenhausflures ans Fenster gestellt und nicht mehr gewusst, was ich denken und fühlen sollte. Tief in mir spürte ich die Frage, ob ich überhaupt für die Seelsorge tauglich sei. Alles Erlernte, alles das »Bei-den-Menschen-Bleiben« auch ohne Worte, alle Gotteszuversicht, die aushalten und im Vertrauen auf seine Hilfe auch schweigende Nähe möglich werden lässt, war wie weggeflogen. Es überfiel mich eine tiefe Ohnmacht und Hilflosigkeit.

Wir haben dann noch am selben Tag in der Gruppe meine Erfahrungen besprochen. Das Verständnis und die Behutsamkeit im Umgang durch die Krankenhausseelsorger haben mir geholfen, erneut Mut zu bekommen und mich der Krankenseelsorge noch einmal neu zu stellen. Also bin ich am nächsten Tag wieder los und wollte den schwerkranken Mann erneut besuchen. Als ich das Zimmer betrat, war sein Bett leer. Noch einmal traf mich der Schlag. Da war also nichts wieder gut zu machen.

Einige Woche später habe ich über diese Erfahrung mit meinem Geistlichen Begleiter gesprochen. Er hörte mitfühlend zu, schwieg eine Weile und sagte mir dann ein Wort, das ich bis heute nicht vergessen habe: »Wenn es Gott gibt, und Gott der Lebende ist und Gott diesem Mann im Tod das Leben geschenkt hat, dann wird dieser Mann wissen, dass du ihn besuchen wolltest, und die Freude des Himmels darüber wird groß sein.« Ich bin selten aus einem Gespräch so getröstet gegangen, wie aus diesem. Und ich habe mich selten so tief in meinem Herzen darüber gefreut, dass der Glaube an Gott so tröstlich und hilfreich sein kann. Später habe ich durch einen anderen theologischen Lehrer hinzugelernt: »Immer dann, wenn du einer Ohnmacht preisgegeben, wenn du sprachlos wurdest und dir Gott fremd und unverständlich geworden ist, dann stimme abends ein ›Te deum‹ an, denn Gott hat dich einer großen Stunde gewürdigt!«

Es gibt ein Verstehen Gottes, dass durch Ohnmacht und Hilflosigkeit intensiver, ja vielleicht sogar tiefer und größer wird. Jedenfalls berichten viele geistliche Menschen davon, dass gerade auch in der Dunkelheit und Ausweglosigkeit des Lebens uns Gotteserfahrungen ins Herz eingebrannt werden, die dazu führen, dass wir den »fremden Gott« lieben und ehren, weil wir seine unendliche Größe auf wunderbare Weise erfahren haben.

Der evangelische Theologe und Literat Christian Lehnert schreibt über die Erfahrung Gottes im Gottesdienst:

> »Es gibt einen Trost, der zu leicht ist. In dem Moment, wo ich vom Gottesdienst nur Beheimatung und Bergung erwarte, könnte man sagen: Der Gottesdienst ist eine Veranstaltung zur Transzendenz Verhinderung. Denn Heimat bedeutet Bestätigung

in dem, was ich denke, fühle, weiß. Die aufmerksame Wieder-
holung der Riten in der Liturgie ist aber mehr als regressiv. Es
kommt etwas anderes hinzu: die Fremde Gottes in dem un-
erwartet Schönen und Verstörenden. Zum Gottesdienst gehört
Gottesfurcht. Sonst stimmt etwas nicht. Der Philosoph Peter
Sloterdijk sagte einmal zu mir: ›Den Menschen dort abholen, wo
er ist. Das macht nur der Teufel.‹«[70]

Das ist ein markantes und heftiges Wort. Aber kann man
einen Gott lieben, der zu mir und meiner Einstellung nur immer »Ja« und »Amen« sagt, der immer mit mir nur zufrieden
ist und keine herausfordernden Ansprüche an mich stellt?

Das kann ich mir nicht vorstellen. Darum ist jede herausfor-
dernde Zeit immer auch eine Zeit, in der ich in der Liebe Gottes
neu lernen darf, wie groß Gott ist. Diese Größe Gottes bleibt
Geheimnis, aber durch die Botschaft Jesu entdecke ich, dass es
Freude macht, dieses Geheimnis Tag für Tag neu zu bewohnen.
Ignatius von Loyola fasst diese Erfahrung über Gott so zusam-
men: Gegen Ende der Exerzitien lässt er die Übenden eine
Betrachtung halten zur Erlangung der Liebe. Er meint:

»Du vermagst nichts ohne Gott, auch wenn du es wolltest. Gott
will nichts ohne dich, obwohl er es könnte. Mit Gott verbündet
wirst du alles vermögen.«

Dabei soll der Mensch erwägen,

»wie viel Gott für mich getan hat. Wie viel er mir von dem ge-
geben, was er besitzt, und wie dieser Herr danach verlangt, sich
mir zu schenken, soweit er es nur vermag.«[71]

Einen solchen Gott dürfen wir lieben.

DIE LEIDENSCHAFT JESU
ENDET NICHT IM LEIDEN

KREUZESNACHFOLGE

Die Welt bewegt mich! Ich bin Teil dieser Welt und darum kann mir die Welt nicht egal sein. In diesem Moment, in denen ich diese Zeilen schreibe, zähle ich nur auf, was mich in dieser Welt so unendlich hilflos macht:

Mich bewegt bis in die Tiefe meines Herzens, dass mittlerweile in einem unnötigen Krieg in der Ukraine wahrscheinlich mehr als 100.000 ukrainische und russische Soldaten ums Leben gekommen sind, ebenso mehrere tausende Zivilisten.

Mich bewegt, dass momentan in Israel und Palästina ein fürchterlicher Krieg tobt, in denen Krankenhäuser bombardiert werden, viele hundert Menschen dabei umkommen, und eine kriegerische Auseinandersetzung droht, die zu einem Flächenbrand werden kann.

Mich bewegt, dass erneut Brandanschläge auf jüdische Synagogen verübt werden und dass anscheinend in unserer Republik der Antisemitismus wieder in Teilen der Bevölkerung angekommen ist. Ich kann nicht verstehen, dass Menschen aus Solidarität mit Terroristen auf die Straße gehen und ich kann nicht verstehen, dass eine unschuldige Zivilbevölkerung einfach mit Terroristen gleichgesetzt wird.

Mich beweget bis ins Mark, dass im Jahr 2022 mehr als 520.000 Katholiken aus der Kirche ausgetreten sind und damit das Zeugnis geben, dass sie an diese Kirche keine Erwartungen mehr haben. »Die katholische Kirche stirbt einen quälenden Tod vor den Augen der gesellschaftlichen Öffentlichkeit«, sagte der Kirchenrechtler Thomas Schüller der Nachrichtenagentur dpa. Aber nicht nur das: Es scheint so, dass immer weniger Menschen mit einer institutionell verfassten Religion etwas anfangen können.

Mich macht es fassungslos, dass nach einer neuen re-
präsentativen Studie des Else-Frenkel-Brunswik-Instituts der
Universität Leipzig die Sehnsucht nach einem »autoritären
Staat« besonders in Ostdeutschland immer größer wird.
Zwei Drittel der ostdeutschen Bevölkerung ist der Meinung,
dass ein politisches Engagement in diesem Land keinen
Zweck hat.

Was bewegt uns?

Nur einige Anmerkungen, die mir das Herz während des
Schreibens unendlich schwer machen. Dazu ließen sich noch
eine ganze Reihe anderer politischer, gesellschaftlicher,
ökologischer, sozialer Fakten benennen, die uns momentan
nicht geradezu frohgemut in die Zukunft gehen lassen.

Und dann kommen ja noch die ganz persönlichen Nöte
und Ängste, die uns manchmal so bewegen, dass wir nachts
nicht in den Schlaf kommen.

Was bewegt uns?

Ich will bei dem Dunklen nicht stehen bleiben. Denn
mich bewegt noch etwas ganz anderes, etwas, was mir
wichtiger ist als alles:

Mich bewegt immer wieder Jesus Christus. Mitten im
Leid, auch in der Freude, ebenso in der Ohnmacht und Hilflosigkeit.

Was bewegt mich an ihm?

Mich bewegt an Jesus Christus, dass in ihm sichtbar geworden ist, wie Gott die Schöpfung nicht nur ins Dasein gerufen, sondern wie er sie auch mit einem eigenen menschlichen Leben betreten hat.

Mich bewegt an Jesus Christus, wie sich in ihm Gott uns
Menschen zuwendet und damit zeigt, dass er die Hoffnung
mit uns niemals aufgibt.

Mich bewegt an Jesus Christus, wie in ihm eine Liebe Gottes für seine Schöpfung und damit für uns sichtbar wird, die sich nicht scheut, auch dem Bösen entgegenzutreten.

Mich bewegt an Jesus Christus, wie er sich selbst in hasserfüllter Ungerechtigkeit, die ihm durch böse Menschen entgegenschlägt, nicht aufgibt, sondern auf eine Hoffnung setzt, die daran festhält, dass Gott durch die Liebe die Menschen zu verwandeln vermag.

Mich bewegt an Jesus Christus, wie er den Tod in seiner Hingabe für die Menschen auf sich nimmt und in seinem letzten Schrei nach Erlösung uns Menschen nicht vergisst.

Mich bewegt an Jesus Christus, dass er im Tod die Menschen in seiner Umarmung nicht fallen lässt und sie somit in das Ewige Leben mit Gott hineinzieht.

Mich bewegt Jesus Christus und durch ihn will ich mich bewegen lassen, seine Hingabe, sein Vertrauen in Gott, seine Liebe zu den Menschen nachzuahmen. In der Heiligen Schrift wird das »Nachfolge« genannt.

Denn das war sein Anliegen: Menschen zu bewegen, ihre Hoffnung auf das Reich Gottes zu setzen.

Es war sein Anliegen, dass Menschen in diese Welt gehen, um sein Evangelium zu leben und zu bezeugen.

Zweifellos: das ist nicht immer ein Zuckerschlecken. Nachfolge ist immer auch Hingabe. Jesus nennt das im Evangelium »Kreuzesnachfolge«!

»Wer Vater oder Mutter mehr liebt als mich, ist meiner nicht wert, und wer Sohn oder Tochter mehr liebt als mich, ist meiner nicht wert.

Und wer nicht sein Kreuz auf sich nimmt und mir nachfolgt, ist meiner nicht wert« (Mt 10,37–38).

Ich habe in meinem über 40 Jahren priesterlichen Dienst gelernt und bin damit noch nicht an ein Ende gekommen, dass es wohl ein ganzes Leben braucht, um diese Hingabe der Liebe, diesen Gehorsam des Kreuzes anzunehmen. Aber weil Jesus Christus mich bewegt, will ich mich bewegen lassen, diesen Lernprozess der Liebe nicht aufzugeben.

Der Luxemburger Kardinal Jean-Claude Hollerich, erzählt einmal folgende Begebenheit:

> *»Es wird viele Wege geben, um den Weg des Evangeliums zu gehen. Im Noviziat war ich einmal in einem kleinen Dorf in Frankreich, es gab dort außerhalb des Dorfes Einsiedeleien. Auf einem kleinen Pfad war ich unterwegs zu einer solchen Einsiedelei. Der Mond schien sehr schwach, und meine Taschenlampe funktionierte nicht mehr. Ich hatte Angst. Dann habe ich gemerkt, dass ich zwar den Weg nicht mehr sehe, nur noch den nächsten Schritt. So bin ich zu dem Haus gekommen.*
> *Vielleicht ist das die Art der Bewegung der Kirche für die nähere Zukunft. Wir kennen den ganzen Weg nicht. Der Hirte ist auch nicht derjenige, der den Weg immer kennt und weiß, wo es langgeht. Der Hirte muss mit den Schafen gehen, sie zusammenhalten. Manchmal werden auch die Schafe den Weg finden, und der Hirte hinkt hinterher, Schritt für Schritt. Mit Gottvertrauen kann man das machen, in eine neue Zeit hinein.«*[72]

Mich bewegt Jesus Christus ... Und ich will mich von ihm bewegen lassen ...

Noch ein letztes: Niemand hat sich so von Jesus Christus bewegen lassen, wie die Gottesmutter. »Was er euch sagt, das tut« (Joh 2,5)!

Sie ist diejenige, die auf ihn schaute. Dabei nicht alles verstand. Doch, so heißt es, alles, was durch ihn sie bewegte, bewahrte sie in ihrem Herzen (vgl. Lk 2,19).

Darum konnte sie mit ihm mitgehen. Darum stand sie am Ende unter dem Kreuz. Darum nahm sie ihn unter dem Kreuz noch einmal in ihren Schoß und umarmte ihn. Sie behielt die Hoffnung, dass in diesem Elend der Welt, dass in der Todesverfangenheit unseres Lebens Gott immer noch etwas zum Leben hinbewegen kann.

In diesem Geist betet einmal der 1916 in der Wüste Algeriens als Märtyrer gestorbene Heilige Charles de Foucauld:

>>Herr, du kennst meinen Weg,
den Weg, der hinter mir liegt,
und den, der vor mir liegt.
Du begleitest mich in jedem Augenblick.
Du bist immer für mich da.
Was erwartest du von mir?
Weil du mich führst, kann ich versuchen,
mich selbst zu führen,
dass meine Augen und Ohren unterscheiden lernen,
dass meine Hände anderen helfen lernen,
dass mein Denken das Richtige findet,
dass mein Herz das Richtige entscheiden lernt.
Weil du mich führst,
will ich meinen Weg versuchen.<<[73]

So will ich mich von dir, Herr, bewegen lassen in allem Leid und in allen Sorgen, in aller Angst dieser Welt, um die Liebe zu leben.

WEIZENKORN

Jesus war offenbar eine Attraktion. Da kommen Griechen nach Jerusalem (Joh 13,20). Sie sind fromm, beschreibt das Evangelium. Sie wollen anbeten. Im Rahmen des Paschafestes kamen viele nach Jerusalem. Auch aus den fremden Ländern, aus fremden Kulturen und Religionen. Vielleicht hatten diese Griechen ihre Religion satt. Die Dramaturgie ihres Götterhimmels wurde in der damaligen Zeitenwende stark infrage gestellt. Viele suchten nach Neuem. Israel war für manchen mit dem Glauben an den einen Gott anziehend. Das galt vielleicht auch für die Griechen, auf die Philippus trifft. Sie wollen Jesus sehen. Mal schauen, was der zu bieten hat. Man hört über ihn das eine und das andere. Ein faszinierender Mann. Aber auch umstritten. Er hat jedenfalls was zu sagen. Er ist ein Event, würden wir heute sagen, ein Ereignis. Es lohnt sich vielleicht, ihn gesehen zu haben.

Die Griechen wenden sich also an den Apostel Philippus:

»Herr, wir möchten Jesus sehen« (Joh 12,21)!

Philippus traut dem Braten nicht. Ob er deswegen Hilfe sucht? Er zieht Andreas zu Rate. Und beide gehen zu Jesus.

Was dann folgt, ist alles andere als eine Antwort. Zunächst einmal. Jedenfalls scheint es so, als seien die Griechen mit ihrer Anfrage wie vergessen.

Wollen Sie Jesus sehen? Sehen ist ja nicht nur ein äußeres Wahrnehmen. Das ist uns heute verwehrt. Ein anderes Wort für »sehen« ist »erkennen«. Wollen Sie Jesus erkennen? Ihn begreifen? Ihn verstehen?

Wer einen anderen Menschen verstehen will, muss sich immer wieder frei machen von den Bildern, die er sich über ihn zurechtgelegt hat. »Du sollst dir kein Bildnis machen!« warnt Max Frisch nicht nur im Umgang mit Gott, sondern auch mit dem Nächsten.

Jesus lässt durchblicken: Er will nicht auf die Ebenen von Attraktion und Spektakel, von Vordergründigkeit und Sensationslust begriffen werden. Wer ihn verstehen will, muss ins Auge fassen, wofür er lebt, oder besser: für wen er lebt und was sein Anliegen ist.

Darin werden dann die Jünger im Folgenden eingeführt. Ich wähle für uns nur einen Aspekt aus der Rede Jesu aus:

»Die Stunde ist gekommen, dass der Menschensohn verherr-licht wird« (Joh 14,23).

Jesus hat zuvor oft von dieser Stunde der Verherrlichung im Johannesevangelium gesprochen (Joh 2,4; 7,30; 8,20). Jetzt erkennt Jesus, dass das Leiden vor der Tür steht und dass in diesem bevorstehenden Weg des Martyriums seine Botschaft von einem liebenden Gott hart auf die Probe gestellt wird. Doch: Die kommenden Tage der Verurteilung und des Leidens, die Jesus klar vor Augen stehen, werden auf den Punkt bringen, worum es ihm geht.

»Der Menschensohn wird verherrlicht« (Joh 12,23)!

Darauf läuft alles hinaus. Hier ist das Ziel seines Lebens benannt: »Verherrlichung«! Was damit gemeint ist, begreifen wir mehr, wenn wir uns das zugrundeliegende hebräische Wort *kabod* für »Herrlichkeit« mit seiner ursprünglichen

Bedeutung in Erinnerung rufen. *Kabod* hat in seinem Wortursprung mit »wichtig« und »wuchtig« zu tun.

Was mit Jesus in diesen kommenden Tagen geschieht, ist wichtig. Es wird mit »Wucht« das eintreten, wofür er in die Welt gekommen ist. Durch seinen Tod wird Gott mit seiner Macht zeigen, dass am Ende nicht der Tod, sondern die Herrlichkeit steht.

Wie das möglich sein wird?

Die Antwort Jesu ist: Der Tod ist Verwandlung. Wie ein Weizenkorn in der Erde stirbt und dann einen Halm mit reicher Frucht hervorbringt, so wird es mit der Herrlichkeit Gottes sein: Sie wird von den Menschen zertreten, nicht wahrgenommen, ans Kreuz geschlagen, aber Gott wird seine Herrlichkeit noch mehr aufrichten, ihr zu einem ganz neuen Glanz verhelfen. Am Ostermorgen werden alle sehen, wie wichtig Gott Jesu Leben genommen hat und wie er deshalb dieses Leben mit Wucht in die Wirklichkeit des ewigen Lebens zieht.

Wollen wir Jesus verstehen, begreifen, erkennen? Die Frage der Griechen ist immer auch unsere Frage. Wir erkennen ihn nicht, so sagt uns das Evangelium, wenn wir nur dabei auf uns sehen. Wer nur seine Lebensstrategie hegt und pflegt, wer nach der Haltung lebt, was kostet die Welt, man gönnt sich ja sonst nichts, der bekommt keinen freien Blick für die Herrlichkeit Gottes, die in Jesus mit Wucht, das bedeutet auch in seiner ganzen Fülle, auf uns zugekommen ist.

Welche Wege lassen sich gehen, um heute Jesus zu begreifen, zu erkennen, zu verstehen? Der Limburger Bischof Franz Kamphaus hat darauf eine Kurzformel geprägt: »Mach´s wie Gott, werde Mensch.«

»Wer mir dienen will, folge mir nach: Und wo ich bin, da soll auch mein Diener sein. Und wer mir dienen wird, den wird mein Vater ehren« (Joh 12,26)!

Der Weg zu Gott ist immer ein Weg zu und mit den Menschen. Es gibt, seit Jesus, keinen Weg in die Herrlichkeit Gottes am Menschen vorbei.

Wollen Sie Jesus sehen? Er ist mehr als eine Attraktion. Mehr als ein Star. Wer ihn verstehen will, wer seine Herrlichkeit in den Blick bekommen möchte, der oder die sollte auf sein Kreuz schauen. Hier hat Gott gezeigt, wie wichtig ihm die Treue in seiner Liebe zu den Menschen ist.

Wir lernen seine Herrlichkeit aber auch sehen, und das eine bedingt das andere, wenn wir auf den Menschen schauen, besonders auf die, die heute sein Kreuz tragen. Die Herrlichkeit Gottes, die uns in Jesus aufstrahlt, treibt auch uns an, sich mit Wucht für die Menschen einzusetzen.

Der heilige Irenäus von Lyon bringt das auf den Punkt: »Die Herrlichkeit Gottes ist der lebendige Mensch.«

Wer den Menschen sieht und dabei seinen Blick auf das Kreuz richtet, der oder die ahnt etwas von der Herrlichkeit, zu der uns seit der Auferstehung Jesu Gott berufen hat.

DIE VERSÖHNUNG DES KREUZES

Der 2005 gestorbene Architekt und Holocaust-Überlebende Simon Wiesenthal, schreibt nach seiner Befreiung aus dem KZ Lemberg in den siebziger Jahren eine Erzählung mit dem Titel »Die Sonnenblume«. Dieses Buch endet mit einer Frage: wer kann das unendlich schreckliche Leid, dass besonders die Deutschen den Juden angetan haben, verzeihen? Ist eine solche Schuld vergebbar?

Aber kurz zum Inhalt der Geschichte: 1942 befindet sich Simon Wiesenthal im KZ-Lemberg. Auf seinem Weg zur Arbeit sieht er frische Soldatengräber, auf denen Sonnenblumen blühen. Darüber kommt er ins Nachdenken. Auf seinem Grab, so denkt Simon, wird wohl nichts blühen, da es wohl ein Massengrab sein wird.

Eines Tages wird Simon Wiesenthal zu einem sterbenden SS-Soldaten gerufen. Dieser hatte an einer grausamen Erschießung von Juden teilgenommen. Aus Rache für einen militärischen Misserfolg, hatten die Deutschen über 150 jüdische Männer, Frauen und Kinder, in ein Haus getrieben, das sie dann anzündeten. Alle Juden, die durch ein offenes Fenster springen und fliehen wollten, wurden rücksichtslos erschossen.

Auf dem Sterbebett plagen nun diesen Soldaten die Gewissensbisse. Er sucht nach Vergebung. Er hatte als Kind die Gebote gelernt und den kirchlichen Glauben angenommen. Aber nun, in dieser Stunde, wo alle grausamen Bilder neu in seinem Gedächtnis aufsteigen, hat er Gott verloren.

Doch der Soldat möchte in Frieden sterben. Deshalb sucht er einen Menschen, der ihm Vergebung zusprechen kann. Daher sitzt nun der inhaftierte Jude Simon Wiesenthal aus dem KZ an seinem Bett. Als der Soldat Simon Wiesenthal für die Grausamkeiten, die er den anderen Juden angetan hat, um Vergebung bittet, stürzt er Wiesenthal selbst in Gewissensbisse. Obwohl Simon Mitleid empfindet, verweigert er schließlich dem SS-Mann die Vergebung. Nicht ohne mit dieser Entscheidung später zu hadern.

Wie gesagt: Simon Wiesenthal veröffentlicht seine Geschichte 1970. Aber nicht nur das! Er sendet diese Geschichte zuvor an bedeutende Persönlichkeiten, Philosophen, Theologen, Politiker und andere Menschen der Öffentlichkeit, um sie zu fragen, wie sie gehandelt hätten.

Dieses so bemerkenswerte Buch, gerät allerdings in Vergessenheit. Erst 2015 wird es neu aufgelegt und wiederum werden 44 renommierte Persönlichkeiten gebeten jene Fragen von damals für die Gegenwart neu zu bedenken.

Wie geht Vergebung? Wie geht Vergebung von Taten, die nicht mehr gutzumachen sind? Verbrechen, die unzähligen Menschen das Leben gekostet haben? Wer darf und wer kann dann vergeben? Und was ist, wenn ich mir selbst nicht vergeben kann?

Fragen, die sich nach diesem Buch stellen, und Fragen, die sich auch uns heute stellen, wenn wir täglich die grausamen Bilder schuldbeladener Menschlichkeit sehen.

Oder wie geht Vergebung und Versöhnung, wenn wir uns in Erinnerung rufen, dass wohl auch menschliches Versagen in den Erdbebengebieten der Türkei und Syrien 2023 mit eine Ursache dafür ist, warum so unzählig viele tausende Menschen durch statisch bewusst leichtfertig gebaute Häuser umgekommen sind?

Es verbietet sich um der Opfer willen, zu schnell auf diese Fragen Antworten zu geben.

Doch: Wie geht Vergebung? Wie geht Erlösung? Im letzten Buch der Bibel, der Geheimen Offenbarung, wird deutlich, dass dies auch die Fragen der ersten Christen sind.

Viele Christen erfahren in der Zeit der Entstehung des letzten Buches der Bibel vehemente Benachteiligungen. Wer für den christlichen Glauben einsteht, muss mit Repressalien rechnen. Nicht wenige Christen opfern dafür ihr Leben. Wie geht Gott mit diesen Ungerechtigkeiten um? Auch hier die Fragen:

Wie geht Versöhnung? Was bedeutet Gerechtigkeit unter der schrecklichen Erfahrung von Verfolgung und Unrecht?

Eine Antwort auf diese Fragen ist das zunächst unverständliche Bild, das der Seher Johannes im fünften Kapitel der Apokalypse, der Geheimen Offenbarung, beschreibt.

Der Seher Johannes bekommt die Erlaubnis in den himmlischen Thronsaal zu sehen. Er erkennt Gott, auf einem himmlischen Thron sitzend. Dabei ist allerdings nur vom Lichtglanz die Rede, der mit dem Leuchten von Edelsteinen verglichen wird. Gott kann man nicht einfach ansehen, er bleibt unsichtbar und doch ist seine Gegenwart für ihn erfahrbar.

Um den unsichtbaren Gott herum ist der Thronrat. Von verschiedenen Engeln ist die Rede. Sie sind nicht dafür da, um Gott zu beraten, sondern um die ununterbrochene Anbetung Gottes zu gewährleisten.

In der rechten Hand hält Gott eine Buchrolle. Sie ist von beiden Seiten beschrieben und mit sieben Siegeln versiegelt. Die Buchrolle erinnert an die Buchrolle im Buch des Propheten Ezechiel. Sie ist innen und außen mit Klagen, Seufzern und Zurufen beschrieben. Sie enthält die Unheilsverkündigung des Propheten, die er über das Volk aussprechen soll.

Wer kann diese Buchrolle mit den Siegeln öffnen? Angesichts des Leids, des Unrechts, der Vernichtung und Menschenverachtung sieht der Seher Johannes keinen, der in der Lage wäre, hier zu helfen. Darum weint er. Aber es treten Engel ihm zur Seite: Einer kann die Buchrolle öffnen: der Löwe aus dem Stamm Juda, der Spross aus der Wurzel Davids. Der Messias.

Dieser erscheint in der Gestalt eines Lammes. Auch vor ihm fallen die Engel nieder und ihm gebührt die gleiche Ehre wie Gott selbst. In dem dann folgenden Ruf wird gedeutet, wer dieses Lamm ist:

»Würdig bist du, das Buch zu nehmen und seine Siegel zu öffnen; denn du wurdest geschlachtet und hast mit deinem Blut Menschen für Gott erworben, aus allen Stämmen und Sprachen aus allen Nationen und Völkern« (Offb 5,9).

Unverkennbar steht dieses Lamm für den gekreuzigten Christus, der mit seiner Hingabe die Buchrolle der Sünde zerrissen und gesühnt hat.

»Seht das Lamm Gottes, das hinweg nimmt die Sünde der Welt, erbarme dich unser!« »Nichts anderes sieht Johannes im himmlischen Thronsaal, nachdem er geweint hat, weil es anscheinend keine Lösung für die sündige und verworrene Weltgeschichte zu geben schien.«[74]

In jedem Gottesdienst nehmen wir dieses Bild des geopferten Lammes als Bild für den gekreuzigten Christus auf und erinnern uns, dass er die Schuld der Welt hinweg genommen hat.
Doch wie soll man das verstehen?
Einen Hinweis finden wir im Römerbrief. Hier entdecke ich eine ähnliche Feststellung:

»Ihn [Christus] hat Gott aufgerichtet als Sühnemal – wirksam durch Glauben – in seinem Blut, zum Erweis seiner Gerechtigkeit durch die Vergebung der Sünden, die früher, in der Zeit der Geduld Gottes, begangen wurden« (Röm 3,25–26).

Noch mysteriöser! Für das Wort Sühnemal steht im griechischen Urtext »Sühnedeckel«! Jesus wird hier verglichen mit dem Sühnedeckel der Bundeslade. Diese wurde am Versöhnungstag bestrichen mit dem Opferblut des geschlachteten Opferlammes. Ein archaischer Ritus, mit dem das Volk Israel glaubend die Versöhnung Gottes herbeirufen wollte. Dieses Bild interpretieren die ersten Christen in neuer Weise und beziehen es auf Jesus Christus. Papst Benedikt XVI. schreibt dazu:

> *»Nicht die Berührung von Tierblut mit einem heiligen Gerät versöhnte Gott und Mensch. In der Passion Jesu berührt der ganze Schmutz der Welt den unendlich Reinen, die Seele Jesu Christi und damit den Sohn Gottes selbst. Wenn sonst das Unreine durch Berührung das Reine ansteckt und verunreinigt, so ist es hier umgekehrt: Wo die Welt mit all ihren Unrecht und ihren Grausamkeiten, in Berührung tritt mit dem unendlich Reinen – da ist er, der Reine, zugleich der Stärkere. In dieser Berührung wird wirklich der Schmutz der Welt aufgesogen, aufgehoben, umgewandelt im Schmerz der unendlichen Liebe. Weil im Menschen Jesus das unendlich Gute da ist, ist in der Weltgeschichte nun die Gegenkraft zu allem Bösen gegenwärtig und wirksam, ist immer das Gute unendlich größer als die ganze noch so schreckliche Masse des Bösen.«*[75]

Dieses Bild fasziniert mich: Dass es eine Hingabe gibt, eine Liebe, die sich durch die Sünde nicht verunreinigen lässt, sondern, weil sie größer ist als die Sünde, die Sünde reinigt und wandelt. Diese große Hingabe ist sichtbar geworden im Gekreuzigten. Das Kreuz ist somit die Schnittstelle, wo das Dunkel, die Unlogik der Sünde, das abgrundtiefe Unrecht, zu dem der Mensch fähig ist, auf die Helligkeit und das Licht Gottes treffen.

Darum werden wir in der Karwoche am Karfreitag rufen:

»Im Kreuz ist Heil, im Kreuz ist Leben, im Kreuz ist Hoffnung.«

Darum glaube ich: Nicht durch unsere Kraft, nicht durch unsere Vernunft, nicht durch noch so raffinierte politische Friedensstrategien werden wir zu einer menschlichen Moralität und in der Welt zu einer umfassenden Versöhnung finden, sondern, wo wir uns mit unserer Vernunft durchdringen lassen von der Liebe des Gekreuzigten, wo wir uns hineinstellen in seine Liebe der Hingabe, verändern wir die Welt auf Frieden hin.

Der Psalmist schreibt in seinem 130. Psalm:

»Aus der Tiefen rufe ich, Herr, zu dir. Herr, höre meine Stimme, lass deine Ohren merken auf die Stimme meines Flehens! So du willst, Herr, Sünde zurechnen, Herr, wer wird bestehen« *(Ps 130,1–2)?*

Der Psalmist weiß: das Böse, das Unrecht, die Sünde sind Realitäten dieser Welt. Realitäten des Menschlichen, die nicht einfach ignoriert, sondern aufgearbeitet werden müssen. Aber wie kann das geschehen?

Das Bild, das der Seher Johannes im Thronsaal Gottes anschauen darf, antwortet: Gott selbst ist im Gekreuzigten zum Ort der Versöhnung geworden. Gott nimmt in seinem Sohn das Leid und die Ungerechtigkeit der Welt auf sich. Darum ist und bleibt er der versöhnende Gott. Er ruft uns zu einer Gerechtigkeit auf, ohne die es keinen Frieden gibt. Und zugleich ermutigt er uns, in diesem Bemühen die Hand der Vergebung auszustrecken, und seine gelebte Hingabe in dieser Welt sichtbar zu machen. Koste es, was es wolle.

IM SCHATTEN DES KREUZES

Es gibt eine Moral der Vernunft. Die Gebote gehören dazu: »Du sollst nicht töten, du sollst nicht stehlen, du sollst nicht lügen, du sollst nicht die Ehe brechen … (Ex 20)« Es sind Regeln, die man mit der Vernunft gut begründen kann. Keine Gesellschaft kann ein intaktes Miteinander ohne Regeln gestalten. Gesetze und Gebote sind das Fundament jeder Gesellschaft. Die Regeln sind ihr Schutz, sie behüten die Gemeinschaft. Das weiß jeder. Das sieht jeder ein.

Es gibt aber auch eine Moral des Herzens. Sie beginnt mit dem Gottesgebot.

> »Du sollst den Herrn, deinen Gott, lieben mit deinem ganzen Herzen und deiner ganzen Seele, mit deiner ganzen Kraft und deinem ganzen Denken, und deinen Nächsten wie dich selbst« (Lk 10,27).

Gott lieben als den, der uns liebt. Gott lieben, der uns liebt, wie wir sind. Die Gottesliebe, die sichtbar geworden ist an dem, der wie Gott war, aber nicht wie Gott blieb, sondern einer von uns wurde, in allem uns gleich, außer der Sünde. Diese menschgewordene Liebe Gottes hat geoffenbart, dass Gottes Liebe auch unsere Dunkelheit, unsere Schatten, unsere Abgründe mit liebt. Gottes Liebe spaltet sich nicht auf. Gottes Liebe bezieht alles mit ein. Dafür steht Jesus mit seiner Botschaft.

In der Spur dieser Liebe zu gehen ist eine Herausforderung. Wer kann am anderen schon alles lieben? Und vielleicht noch herausfordernder: Wer kann an sich schon alles lieben? Zuviel Schatten gehört zu uns. Daran erinnert der Pastoraltheologe Klaus Roos:

»Zu meinem Schatten gehört nicht nur das Ungelebte, sondern auch das Ungeliebte. Unternimm in Gedanken einmal folgende Übung: Stell dir den Menschen vor, gegen den du die größte Abneigung hast. Vergegenwärtige dir diesen Menschen möglichst lebendig und spüre heraus, was es ist, was dich an ihm, an ihr am meisten stört, ärgert, was dir am meisten widerwärtig und verhasst ist. Wenn du das herausgefunden hast, dann frage dich, ob diese Eigenschaft nicht auch in dir vorhanden ist. Vielleicht sind sie gerade das, was du an dir selbst verleugnest, was du an dir selbst nicht wahrhaben willst, nicht magst, nicht akzeptieren kannst. Vielleicht ist deine Abneigung dieses Menschen darin begründet, dass du in ihm etwas ablehnst, was du an dir selbst verabscheust, fürchtest oder bekämpfst. Wer so einen Schatten entdeckt, sollte ihn zuerst einmal in Ruhe betrachten. Das ist nicht einfach. Denn es schmerzt, wenn das alte Selbstbild zerbricht, wenn der Blick in den Spiegel der Selbsterkenntnis nur ein Bild zeigt, das nicht mehr so ideal ist wie das gewohnte. Oft taucht dann sofort die Anwandlung auf, gegen den Schatten kämpfen zu wollen, pädagogisch, moralisch oder spirituell gegen die ungeliebten Wesenszüge voranzugehen. Aber das ist keine Lösung. Es geht nicht um die Überwindung, sondern um die Integration des Schattens. Theologisch gesprochen: Es geht nicht um asketische Leistung, nicht um Werkgerechtigkeit, sondern um die Rechtfertigung aus dem Glauben.«[76]

Eine chinesische Geschichte erzählt: Es war einmal ein Mann. Es war einmal eine Frau. So erzählt unser Leben. Die wollten ihren Schatten loswerden. Weil Menschen ab und zu gerne ihre Schatten loswerden würden. Er/sie rannten und rannten, um den Schatten loszuwerden. Die meisten von uns machen diese Erfahrung. So schnell ich auch laufe, am Ende lande ich immer bei mir selbst. Mit meinem Schatten.

Die chinesische Geschichte hat eine Schlusspointe: Wäre der Mann nicht davongelaufen, sondern in den Schatten eines Baumes getreten, hätte der seinen Schatten aufgenommen und aufgehoben.

Sie erinnert mich an eine biblische Weisheit:

»Wer unter dem Schirm des Höchsten sitzt und unter dem Schatten des Allmächtigen bleibt, der spricht: Meine Zuversicht und meine Burg, mein Gott, auf den ich hoffe« (Ps 91).

Siehe da. Auch ein wahres Wort.

Was wäre, wenn wir uns unter den Schatten des Kreuzes stellen würden? Wir würden jedenfalls unter einer Liebe stehen, die nicht Halt macht vor den Rissen, vor der Feindseligkeit, vor der Menschenverachtung, sondern sich ausgießt, bis hin zu denen, die in ihrer Hartherzigkeit nichts anderes mehr übrighaben als Spott und Hohn. Eine Liebe des Herzens, die betet:

»Vater vergib ihnen, denn sie wissen nicht, was sie tun«
(Lk 23,24).

Sich in den Schatten des Kreuzes stellen, um sich selbst, den Nächsten und Gott lieben zu können, weil das Kreuz offenbart: Gottes Liebe ist größer als alle unsere Schatten. In welcher Reihenfolge sich dann unsere Liebe entbrennt, ist gleichgültig.

Denn:

»Er erniedrigte sich und war gehorsam bis zum Tod, bis zum Tod am Kreuz. Darum hat ihn Gott über alle erhöht und ihm den Namen verliehen, der größer ist als alle Namen« (Phil 2,8–10).

Im Kreuz hat Gott die Liebe Jesu gültig werden lassen.

Sich in den Schatten des Kreuzes stellen. Das meint, den Kreuzweg mitgehen. Um die Liebe zu finden, die selbst vor unserem Schatten und unseren Feinden nicht Halt macht. Wer diesen Weg geht, findet zu einer Moral des Herzes, die in der Liebe niemals aufgibt.

DAS GEHEIMNIS DER ERINNERUNG HEISST ERLÖSUNG

Am 29. April 1945

>»befreiten US-Truppen das Konzentrationslager Dachau. Hunderttausende Menschen waren dort während der Zeit des Nationalsozialismus inhaftiert. Sie waren der Willkür der Wachmannschaften ausgeliefert, wurden schikaniert, misshandelt und gefoltert. Zehntausende überlebten die Lagerhaft nicht. Als die US-Truppen am 29. April 1945 das Lager erreichten, war die Erleichterung der Überlebenden groß. Der Häftling Nico Rost, niederländischer Journalist und Schriftsteller, hielt diesen Moment in seinem Tagebuch fest: ›In einem einzigen, brüllenden, jubelnden, langanhaltenden Schrei entlud sich die aufgespeicherte Spannung der letzten Stunden, und Tausende stürzten auf die Amerikaner zu: lachend, weinend, rufend.

Ähnliches berichtete Häftling Edgar Kupfer-Koberwitz, der ebenfalls unter Lebensgefahr seine ›Dachauer Tagebücher‹ schrieb: ›Alle geraten in Bewegung, Kranke verlassen die Betten (...). Wir küssen uns wie Brüder und beglückwünschen uns. Viele haben Tränen in den Augen. Wir drücken uns die Hände: Frei, frei!‹.«[77]

Man muss sich solche Erfahrungen nahekommen lassen, wenn man begreifen lernen will, was Freiheit meint. Und man muss sich solche Geschichten immer wieder vergegenwärtigen, um zu verstehen, was Gefangenschaft und Knechtschaft meint.

Und man darf solche Geschichten nicht vergessen, die uns immer wieder daran erinnern, wozu wir Menschen imstande sind. In der Erinnerung wird das schrecklich erfahrene Unrecht, die tief verletzte Menschenwürde und das nie dagewesene Verbrechen lebendig.

Denn:

»Das Vergessenwollen verlängert das Exil, und das Geheimnis der Erlösung heißt Erinnerung.«,

so sagt ein jüdisches Sprichwort.

Wenn all das nicht mehr passieren soll, wenn wir unsere Freiheit behalten wollen, müssen wir uns immer wieder erinnern.

Im Buch Exodus finden wir ebenfalls eine Geschichte über Knechtschaft, Sklaverei und Befreiung. Auch hier Erinnerung.

Diese Geschichte wurde vor 2600 Jahren aufgeschrieben und hat ihre historischen Wurzeln ungefähr 500 bis 600 Jahre vorher.

Was damals geschah, haben die Israeliten niemals vergessen, bis heute nicht. Seit der Befreiung aus Ägypten feiern sie jedes Jahr ein Fest, das an diese Befreiungstat erinnert. Es heißt Pessach. Und jedes Jahr, wenn dieses ehemalige Frühlingsfest gefeiert wird, fragt das jüngste Familienmitglied: »Warum ist diese Nacht anders als alle anderen Nächte?« Und die Antwort lautet, Jahr für Jahr mit den gleichen Worten:

»Weil der Herr jetzt mit uns ist, wie einst mit den Vätern und Müttern!«

Und dann wird die bewegende Geschichte erzählt, wie Israel aufgrund einer Hungersnot nach Ägypten auswandert und dort sesshaft wird. Wie es dort in die Sklaverei des Pharaos gerät und Steine schleppen muss bis zum Umfallen, damit dieser seine Grabmäler bauen kann, die heute Weltkulturerbe sind. Die Israeliten vergessen bis heute nicht die Qual, die mit dieser Gefangenschaft verbunden ist.

Aber Israel vergisst ebenfalls nicht, dass Gott eingreift durch einen Mann, der Moses heißt. Auf wundersame Weise hatte Gott ihn vor dem Unheil bewahrt und dazu bestimmt, sein Volk in die Freiheit zu führen.

Diesem Mose offenbart sich Gott und nennt ihm zum ersten Mal aus einem brennenden, aber nicht verbrennenden Dornbusch heraus seinen Namen:

»Jahwe«. »Ich bin der ich bin« (Ex 3,14)!

Gottes Name ist ein offener Satz.

Dieser Mose wird auf einmalige Weise zum Gesprächspartner Gottes, zum Vermittler zwischen Gott und seinem Volk. »Jahwe« führt das Volk nicht nur aus der Sklaverei heraus, sondern gibt diesem Volk eine Ordnung, die die errungene Freiheit bewahren soll. Die Gebote am Sinai sind nicht nur Gesetz und Vorschrift. Sie sind im Zeichen der Bundeslade Gottes Gegenwart unter seinem Volk, das »Jahwe« vor Unheil bewahrt.

Daran erinnert Pessach. Es erinnert: Gott ist kein Götze. Er ist vielmehr ein Partner, ein mitgehender Gott, der handelt, damit sein Volk in die Freiheit des gelobten Landes findet.

Jesus feiert am Abend vor seinem Tod dieses Pessach. Er stellt sich in die Tradition des Exodus-Gottes. Jesus erinnert sich. Aber er schaut an diesem Abend der Erinnerung auf den nächsten Tag. Auch ihm geht es um Freiheit. Um eine neue Freiheit. Jesus geht es um die Freiheit der Liebe. Diese Liebe hat er gelebt. Diese Liebe hat er verkündet. Die ganze Botschaft Jesu ist davon durchsäuert: Es gibt keine Freiheit ohne Liebe und es gibt keine Liebe ohne Freiheit. »Der Sabbat ist für den Menschen da« (Mk 2, 27)!, so hat Jesus seine Meinung laut ausgesprochen. Gottes Barmherzigkeit ist immer größer als alle Verfehlungen der Zöllner und Sünder zusammen.

Das geht einigen zu weit. Jesus weiß: Jetzt geht es darum, die Liebe in Freiheit zu leben. In der Liebe zu bleiben, auch wenn dies in die Unfreiheit des Todes führt.

Wie er das versteht, lässt er den Jüngern aufscheinen in einem neuen Pessach. Er nimmt Brot und betet:

»Das ist mein Leib« (Mk 14,23)!

Und er nimmt den Kelch und spricht:

»Das ist mein Blut« (Mk 14,24)!

Es ist ein Bild der hingebenden Liebe. Einer Liebe, die auch in der Dunkelheit auf Gott vertraut. Einer Liebe, die sich mit dem Weizenkorn vergleicht, dass in die Erde fallen und sterben muss, um neue Früchte hervorzubringen.

Pessach heißt: Vorübergang des Herrn. Wo Gott an uns vorbei geht, nimmt er uns immer mit.

In dem Mahl, das Jesus am Abend feiert, geschieht Pessach: Vorübergang des Herrn. In dem wir so tun wie Jesus es getan hat, nimmt Gott uns mit. Er nimmt uns mit in eine neue Freiheit der Liebe.

Leo der Große sagte einmal:

»Denn nichts anderes wirkt die Teilnahme an Leib und Blut Christi, als dass wir in das übergehen, was wir empfangen.«[78]

Das gilt bis heute.

Darum erinnern wir uns. Deswegen feiern wir sein Gedächtnis. Mitten in dieser Welt, die auf so vielerlei Weise im »Seufzen« liegt (vgl. Röm 8,24–28). Jedes Mal, wenn wir die Eucharistie feiern, wie Jesus im Abendmahlssaal, dann gehen wir über in eine Liebe, die wir durch ihn in dieser Feier empfangen. Denn, was brauchen wir mehr in diesen Zeiten als eine Liebe, die uns beieinander bleiben lässt in seinem Namen. Daran erinnern wir uns. Das ist das Gedächtnis, zu dem er uns immer wieder aufruft.

»Das Vergessenwollen verlängert das Exil, und die Erinnerung an sein Pessach ist Erlösung.«[79]

MIT JESUS ÖSTERLICH SEHEN

ERKENNEN

»Warum lasst ihr in eurem Herzen solche Zweifel aufkommen«
(Lk 24,38)?

So fragt der Auferstandene, fast vorwurfsvoll, die ungläubigen
Jünger. Warum zweifeln die Jünger immer wieder neu nach
Ostern? Obwohl das Grab leer ist, obwohl der Auferstandene
vielen von ihnen erschienen war, manchen schon mehrmals,
zweifeln die Jünger immer wieder aufs Neue.

Ich erinnere mich, wie ich mir als Kind intensiv gewünscht
habe, einmal den Auferstandenen sehen zu dürfen. Ihn einmal ihn so sehen, wie die Apostel ihn gesehen haben. Dann
wäre doch alles im Glauben klar. Ein für »allemal«! Das war
jedenfalls meine kindliche Meinung.

Deswegen berührt es mich immer wieder, dass die Jüngerinnen und die Jünger den Herrn als den Auferstandenen
gesehen haben und dennoch zweifeln. Es bewegt mich, dass
sie ihm begegnet sind: Maria Magdalena im Garten, die
Emmausjünger auf dem Weg, Petrus und die anderen beim
Fischfang, … und sie ihn trotzdem nicht erkennen, als er erneut in ihre Mitte trat.

»Sie erschraken und hatten große Angst, denn sie meinten,
einen Geist zu sehen« (Lk 24,37).

Als Leser der Evangelien stelle ich mir die Frage: Warum
»dümpeln« die Jünger nach der Erfahrung und der Begegnung mit dem Auferstandenen so durch ihren Alltag dahin?
Was ist los mit ihnen? Warum sind sie so lethargisch? Warum
kommt keine richtige Euphorie auf? Warum platzen sie nicht

vor Freude, nachdem sie erfahren haben, dass Jesus lebt? Es entsteht der Eindruck, als ließen sie sich erneut von den Sorgen und Plagen des Alltages gefangen nehmen. Warum überfällt sie wieder Resignation und Müdigkeit? Und warum deuten sie die Zeichen nicht auf der Grundlage der Botschaft Jesu und glauben? Warum zweifeln sie?

Die Evangelien halten sich nicht lange bei dieser Frage auf. In verschiedenen Geschichten wird erzählt, dass Jesus trotz ihres Zweifels in ihre Mitte tritt. Ob sie glauben können oder nicht, Jesus will unter ihnen sein. Nicht wie ein unfassbarer Geist, sondern konkret, berührbar und greifbar. Die Zweifel beseitigt er, indem er wiederholt mit ihnen isst. Indem er sich mit ihnen an den Tisch setzt, erfahren die Jünger, dass seine Freundschaft und Gemeinschaft auch weiterhin gelten. Und indem er so mit ihnen isst, ihren Zweifel und Unglauben offen anspricht, ihnen seine Wunden zeigt und ihnen den Sinn der Schrift erneut erschließt, ordnet Jesus sein Leiden und Sterben in einen größeren Zusammenhang ein. Jesus klärt die Gerüchte auf und legt den Jüngern ins Herz: Das Leben geht weiter. Der Tod war nicht das Letzte. Gott ist nicht sprachlos geworden, darum könnt ihr neu anfangen. Es gibt eine Perspektive. Wir gehören und bleiben zusammen. Der Himmel ist nicht untergegangen. In dieser Hoffnung könnt ihr hier und jetzt für das Reich Gottes Zeugen und Zeuginnen sein. Jesus legt den Jüngern eine neue Hoffnung ins Herz. Er tut es, indem er einfach mit ihnen isst.

Ich erinnere mich an meine erste Romreise. Ein Mitstudent hatte in Rom studiert und wurde dort Anfang der 80er Jahre zum Priester geweiht. Also machten wir, die wir zu seinem Kurs gehörten, uns auf, um bei seiner Priesterweihe in der Ewigen Stadt dabei zu sein. Es waren bewegende Gefühle, zum ersten Mal den Petersdom zu betreten. Das Herz schlug mir bis zum Hals, als ich bei der Audienz des Papstes einen besonderen Platz bekam und dem damals noch jungen Johannes Paul II. ganz plötzlich nahe war.

An einem Abend waren wir in ein Kolleg eingeladen, das von afrikanischen Priestern und Priesteramtskandidaten bewohnt war. Sie studierten für verschiedene Länder dieses großen Kontinents an der päpstlichen Universität Gregoriana. Einer von ihnen hatte in unserem Bistum in den Sommermonaten eine Vertretung übernommen und war mit einem meiner Kursbrüder freundschaftlich verbunden. Er nutzte unseren Besuch, um uns alle zu einem afrikanischen Abendessen einzuladen.

Einige der jüngeren Studenten hatten für uns gekocht. Da saßen wir alle zusammen, etwa 20 Personen, um einen großen Tisch. Dann kamen die Speisen auf den Tisch: Hirsebrei und ein pikant gewürztes Gulasch. Alles in Schüsseln. Dazu noch Brot und einen Rotwein. Vor uns nur flache Teller. Sonst nichts. Und dann begann das Mahl: Jeder griff mit seinen Fingern in den Hirsebrei, machte daraus eine kleine Kugel und tauchte diese in die Schüssel mit den Fleischstücken. Zwischen Daumen, Zeige- und Mittelfinger wurde beides, Hirsekloß und Fleischstück, wieder aus der Schüssel herausgeholt und dann gegessen.

Ich gebe zu, dass mich diese Tischgewohnheiten fast schockierten. So sollte ich nun essen? Mein Tischnachbar bemerkte meine Unsicherheit und in einer Sprache, die ich nicht verstand, ermutigte er mich, es ihm gleichzutun. Es hat etwas gedauert, aber dann habe ich mitgegessen. Es entstand eine »afrikanische Geselligkeit«, die ich seitdem nicht mehr vergessen habe. Man griff gemeinsam in die Schüsseln, freute sich am Miteinander; es wurden Lieder gesungen und es entstand jenseits aller Sprachen und Kulturen eine Atmosphäre, die spüren ließ: Wir gehören zusammen. Beten und Singen, Essen und Trinken ließen das Herz brennen und es war das Gefühl da, dass uns einer zusammengerufen hatte, der unsichtbar mit uns am Tisch saß.

Immer wieder denke ich an diese Erfahrung in Rom in einem afrikanischen Kolleg, wenn ich in den Evangelien lese, wie Jesus als der Auferstandene mit den Jüngern isst.

Im gemeinsamen Essen begegnet er ihrem Zweifel. Die zentrale Frage des Evangeliums:

>>Warum lasst ihr in eurem Herzen solche Zweifel aufkommen<< (Lk 24,38),?

erfährt eine zentrale Antwort in einer Gegenfrage:

>>Habt ihr etwas zu essen hier<< (Lk 24,41)?

Indem Jesus mit den Jüngern isst und ihnen dabei mit seiner Gemeinschaft den Sinn der Schrift erschließt, wird neuer Glaube.

Nach der Begegnung des Auferstandenen mit den Jüngern folgt beim Evangelisten Lukas die Geistsendung. Und die Jünger brechen auf, um in der Welt das Evangelium zu verkünden. Davon berichtet dann ausführlich das zweite Buch des Evangelisten: die Apostelgeschichte. Die Jünger tun, was Jesus gesagt hatte, und werden seine Zeugen. Zeugen des Glaubens.

Doch sie kehren fortan immer wieder an einen Tisch zurück und vergewissern sich seiner Gegenwart, in dem sie Mahl halten. Das geschieht bis heute!

Jesus selbst ist dabei der Gastgeber. Auch heute. Er lädt uns ein, mit unseren Fragen, mit unserem Zweifel, mit unserer Angst. Und im Beieinandersein und Brotbrechen legt sich eine neue Hoffnung ins Herz: Ja, mit ihm ist zu rechnen. Er lebt! Und er schenkt uns in seinem Mahl in aller Angst

> *»nicht einen Geist der Verzagtheit, sondern den Geist der Liebe, der Kraft und der Besonnenheit« (2 Tim 1,7).*

WILLKOMMEN

> *»Als die Jünger aus Furcht vor den Juden bei verschlossenen Türen beisammen waren, kam Jesus und trat in ihre Mitte« (Joh 20,19).*

Unmissverständlich stellt das Evangelium die Furcht der Jünger fest. Da stellt sich die Frage: vor was fürchten sich die Jünger? Der große Rabbi, der Lehrer, Jesus war dem schändlichen Tod der Kreuzigung anheimgefallen. Letztlich war damit die Bewegung, die er mit den Jüngern in Gang gesetzt hatte, ebenfalls aufgelöst. Das wird deutlich, in dem sich zwei Jünger nach dem Tod Jesu auf den bitteren Weg nach ihrem zu Hause Richtung Emmaus aufmachen. In Jerusalem gibt es für sie nichts mehr zu gewinnen. Es bleiben nur die Scham und der Hohn derer, die sie unter den Freunden und Verwandten zu Hause als dumme Jungs betrachtet haben, weil sie einem Irren hinterhergelaufen sind. Also: die Bewegung Jesu ist zerschlagen. Doch dann begegnet der Auferstandene Maria Magdalena. Geht mit den beiden Jüngern nach Emmaus, Seite an Seite. Begegnet dem Petrus und schließlich den

Elfen. Es ist die Frage: Warum verschließen die sie sich hinter Türen und Fenstern? Vor wem haben sie Angst? Was lässt sie weiter in der Furcht verharren?

Kann man öffentlich mit der Behauptung auftreten, mit einem Gekreuzigten Mahl gehalten zu haben? Was soll man sagen, wenn das Grab leer ist, aber einige Ernstzunehmende unter ihnen behaupten, sie hätten den Begrabenen lebendig im Gespräch an ihrer Seite erfahren? Die Jünger haben Angst unter die Leute zu treten. Sie haben Angst, etwas erklären zu müssen, was sie selbst noch nicht recht glauben. Die Jünger befinden sich in einem Erklärungsnotstand. Sie sind hilflos und es fehlen ihnen Worte für eine Erfahrung, die für sich selbst Geheimnis bleibt.

Über Fakten kann man leicht räsonieren. Aber über Unverständliches, über Erfahrungen, die den Himmel berühren, fehlt jegliches Argumentarium. Die Jünger haben Angst, das österliche Geschehen in der Öffentlichkeit verteidigen zu müssen. Sie haben Furcht auf Unverständnis zu treffen, ausgelacht zu werden, als Menschen gesehen zu werden, die von allen guten Geistern verlassen sind. Und wer weiß, ob die Kommunikation der österlichen Gegenwart des Herrn nicht auch sie in erhebliche existentielle Schwierigkeiten bringen wird?

Diese Furcht wird unterstrichen durch die Zweifel in den eigenen Reihen. Thomas, immerhin einer der Zwölf, formuliert darum ein eindeutiges Kriterium und verlangt einen klaren Beweis. Das ist für ihn die einzige Methode, um auch nach außen sprachfähig zu werden.

Thomas wird bis heute oft der »Zweifler« genannt. Was auffällt: er hat in der Gemeinschaft der Jünger einen Raum, wo er seinen Unglauben aussprechen darf. Keiner beschimpft

ihn. Keiner zwingt ihn: »Du musst aber glauben!« Die Jünger
halten auf dem Weg des Glaubens unterschiedliche Gefühle
aus. Sie akzeptieren, dass Gott anscheinend mit den Menschen unterschiedliche Wege des Glaubens geht. Diese Tole-
ranz der Jünger bringt die Ehrlichkeit hervor, mit der Thomas
seine (letztlich unsinnigen) Bedingungen formulieren darf.
Wer glaubt, der weiß, dass die Wirklichkeit nicht das letzte
Wort hat. Aber wer nicht glaubt, will durch die Wirklichkeit
Beweise.

Es ist auffällig, dass die Jünger Thomas nicht »bearbei-
ten«. Sie geben keine Erklärung, wie sie den Auferstandenen
gesehen haben, keine Detailbeschreibung, keine dogmatisch
vernünftige Begründung, nur:

»Wir haben den Herrn gesehen« (Joh 20,25)!

Die Jünger wissen, dass der Glaube an die Auferstehung nur
aus der Begegnung mit dem Auferstandenen selbst erwach-
sen kann. Nicht sie können den Glauben bewirken, sondern
nur das Betroffen werden des eigenen Herzens in der Begegnung mit dem Lebendigen.

Und das Evangeliums berichtet: In der Gemeinschaft mit
den anderen erlebt Thomas, dass der Gekreuzigte lebt. Seine
Antwort ist Gebet:

»Mein Herr und mein Gott« (Joh 20,28)!

Dabei erfährt Thomas, dass der Auferstandene der Gleiche
ist wie der, der am Kreuz umgebracht wurde. Wundmale
und Seitenwunde gehören auch zu dem verklärten Leib. Die
Auferstehung ist keine zufällig göttliche Beigabe, sondern die

Konsequenz des Lebens und Sterbens Jesu. Diese Erfahrung mit dem Auferstandenen wird Thomas zur Signatur im Herzen. Das macht seine Antwort deutlich:

»Mein Herr und mein Gott« (Joh 20,28)!

Mit dieser Signatur im Herzen wird er jetzt reden, wird er sich jetzt senden lassen können. Die Legenden erzählen, dass er bis nach Indien gekommen ist, um ohne Angst und Furcht Zeugnis abzulegen von dem, der der Gekreuzigte und Auferstandene ist.

Bastian Sick, der so wunderbare Bücher über die deutsche Sprache geschrieben hat, erzählt einmal eine wunderschöne Geschichte, wie man die Angst verliert:

»Als ich ein Schüler war, verbrachte ich die Sommerferien regelmäßig mit meinen Eltern und meinen beiden Schwestern am Lago Maggiore. In einem Sommer hatte ich zwei Kinderbücher von Wolfdietrich Schnurre dabei, die ich mir zum Geburtstag gewünscht hatte: ›Die Zwengel‹ und ›Der Meerschweinchendieb‹. Ich war gerade acht geworden und befand mich auf einer unaufhaltsamen Entdeckungsreise durch die Kinderliteratur. Meine Großmutter hatte mich auf Schnurre aufmerksam gemacht, denn sie kannte seine Erzählungen für Erwachsene. Dass er auch über Meerschweinchen schrieb, machte ihn mir sofort sympathisch, zumal ich für diese putzigen Geschöpfe eine Schwäche hatte. Von Freunden erfuhren wir, dass der Autor jener Bücher rein zufällig selbst ein Ferienhäuschen am Lago Maggiore hatte, gar nicht weit von unserem Strand, auf dem Monte Sole. Meine Mutter ermutigte mich, hinaufzugehen und mir die Bücher signieren zu lassen.

Als ich die steile Straße zum Haus von Wolfdietrich Schnurre erklomm, pochte mein Herz vor Aufregung und Angst: Was, wenn ich nun ungelegen kam? Wenn er gar keine Kinder mochte? Wenn er einen großen bissigen Hund hatte? Auf halber Strecke dachte ich daran, umzukehren, aber was hätten meine Eltern dann von mir gedacht? Also nahm ich all meinen Mut zusammen und klingelte an der Tür des Schriftstellers. Ein großer freundlicher Mann mit einem breiten Schnurrbart öffnete, sah zu mir herab und rief überrascht: ›Na, wer bist du denn?‹ Ich brachte kein Wort heraus und streckte ihm nur die beiden Bücher entgegen.

Er bat mich hinein, bot mir Saft und Kekse an, stellte mich seiner Frau Marina vor (die die Meerschweinchen Geschichten illustriert hatte) und schrieb mir wundervolle Widmungen in beide Bücher: ›Damit Bastian in einem Jahr wiederkommt‹.

Das habe ich dann auch gemacht. Und beim zweiten Mal hatte ich auch keine Angst mehr. Im Gegenteil, ich konnte es kaum erwarten, Wolfdietrich Schnurre davon zu erzählen, dass ich inzwischen selbst angefangen hatte, Geschichten zu schreiben.«[80]

Um verkündigen zu können, um vom Auferstandenen Zeugnis ablegen zu können, brauchen wir Gewissheit über das Geheimnis, das wir Gott nennen. Um dieser Gewissheit willen braucht es Begegnungsräume mit Gott, in denen wir erfahren, dass wir willkommen sind. Nur so werden wir sprachfähig ohne Angst. Es braucht Orte, wo Gott uns seine Widmung ins Herz schreibt. Das Johannesevangelium sagt, dieser Ort ist der erste Tag der Woche. Der erste Tag der Woche ist der Sonntag. Die Jünger nannten ihn, den Tag des Herrn. An diesem Tag brachen sie das Brot, so wie wir es heute immer wieder tun. Hier soll erfahrbar werden, dass er, der

Auferstandene uns eine Widmung ins Herz schreibt. »Diese Widmung heißt: Du darfst wiederkommen.« In der Endlichkeit des Lebens bist du bei Gott willkommen. Unsere Antwort kann lauten:

»Mein Herr und mein Gott« (Joh 20,28)!

Wer so betet verliert die Angst und fühlt sich in die Welt gesendet.

HIRTENSORGE

Immer wieder höre ich den Wunsch der Gläubigen, einfacher und klarer zu predigen! Aber was ist eine einfache und verstehbare Predigt? Ist das nur eine Frage nach weniger langen Sätzen? Oder gibt es auch schwierige Inhalte? Ist die Sprache verständlich? Kann man sich den Inhalt gut vorstellen? Gibt es Bilder, die besser verstehen lassen? Beispiele? Geschichten?

Die Bildrede Jesu vom guten Hirten ist einfach. Und sie ist schön! Bilder entstehen sofort vor dem inneren Auge. Eine solche Rede versteht doch jeder. Oder?

Ich will sagen, woran mich das Bild vom guten Hirten erinnert:

Zunächst: Gott ist der gute Hirte und er sorgt für das Leben.

Leben besitzen wir nicht wie eine Armbanduhr oder wie ein Grundstück. In das Leben wurden wir hineingestellt. Keiner von uns hat es sich ausgesucht. Niemand kann seinem Leben auch nur einen Tag von sich aus hinzufügen. Leben ist uns vorgegeben. Andere wussten von uns schon eher, als wir von uns selbst wussten. Wir sind in unser Leben aufgewacht!

Dabei haben wir keinerlei Erinnerung an diesen Augenblick und waren doch anwesend. Viele wussten früher als wir selbst, dass es uns gibt. Nur dadurch, dass uns andere, meist Vater und Mutter, immer wieder mit unserem Namen gerufen haben, sind wir Schritt für Schritt bei uns selbst angekommen.

Wir sind ins Leben gerufen. Die Bibel sagt, noch ehe uns andere kannten, kannte uns Gott. Noch ehe wir uns selbst wahrnehmen konnten, sind wir für Gott im Blick. Wir sind kein Zufallsprodukt und keine Blindgänger. Wir sind Menschen, so die Bibel, die zur Schöpfung Gottes gehören. Wir gehören in seinen Plan. Wir gehören mit unserem Leben in seine Ordnung. Wir sind für ihn kein Massenprodukt, sondern mit Namen Gerufene.

Das ist das erste Bild vom Guten Hirten. Gott, der Schöpfer, der uns ins Leben gerufen hat. Nicht irgendwie. Sondern als einer, der uns kennt und um uns weiß. Der Schöpfergott ist der »Gute Hirte«.

Vom Künstler Sieger Köder gibt es ein Bild vom guten Hirten. Er trägt das verlorene Schaf auf seinen Schultern. Im Vordergrund freuen sich unterschiedliche Menschen über das wiedergefundene Schaf: Ein Liebespaar, ein musizierendes Mädchen, ein alter Mann, ein Clown ... Im Hintergrund findet sich ein Dornenstrauch. Es sind noch die Fellbüschel daran zu erkennen, die vom verlorenen Schaf im Strauch hängen geblieben sind.

Oder aber hat hier der Künstler den brennenden Dornbusch gemalt?

»Ich habe die Leiden meines Volkes gesehen« (Ex 3,7)!,

hatte Gott zu Mose gesprochen, als der am brennenden Dornbusch am Gottesberg Horeb seinen Namen offenbarte.

Ist das nicht »hirtenmäßig«, wenn jemand die Leiden derer sieht, die zu ihm gehören?

»Ich bin die Tür; wer durch mich hineingeht, wird gerettet werden; er wird ein und aus gehen und Weide finden« (Joh 10,9)!

Der Name Gottes,

»Ich bin, der ich bin da« (vgl. Ex 3,14),

dieser Name Gottes, einst dem Mose geoffenbart am brennenden Dornbusch, hat ein Gesicht bekommen: Jesus, der gute Hirte, der sein Leben hingibt für seine Freunde.

Indem Jesus dem verlorenen Menschen nachgeht; indem er die anspricht, die sich von Gott verlassen fühlten; indem er noch für die betet, die ihn wie ein Lamm zum Schlachten geführt haben; wird Jesus zur Gottesoffenbarung, zum neuen brennenden Dornbusch.

Die Bibel ist eindeutig: Gott ist der eigentliche gute Hirte. Niemand anders. Das ist sichtbar geworden in dem guten Hirten Jesus. Aber darüber hinaus haben wir jedoch auch Anteil an diesem Hirtenamt. Die, die zu einem Leitungsamt in der Kirche gerufen sind in besonderer Weise. Paulus sagt:

»Und er gab den einen das Apostelamt, andere setzte er als Propheten ein, andere als Evangelisten, andere als Hirten und Lehrer« (Eph 4,11).

Aber jeder Mann, jede Frau, jeder und jede ist durch die Taufe hineingenommen in die Gemeinschaft mit Christus, und hat darum Anteil an seinem Hirtenamt.

*»Ihr werdet nun mit heiligem Chrisam gesalbt; denn ihr seid
Glieder des Volkes Gottes und gehört für immer Christus an, der
gesalbt ist zum Priester, König und Propheten in Ewigkeit.«*

So beten wir bei jeder Taufe. Darum ist Christsein immer ein
»Gesendetsein«. Wer zu Christus gehört, ist gesendet zu denen, die Hilfe und Fürsorge brauchen. Wer zu Christus gehört,
ist gesendet zu denen, die der Versöhnung bedürfen und
ein befreiendes Wort nötig haben. Wer zu Christus gehört,
ist gesendet zu denen, die sich in ihrem Leben wie zerrissen
fühlen, weil vielleicht nur wenige oder gar niemand etwas mit
ihrem Namen anzufangen wissen.

*»Man kann dem Leben nicht mehr Tage geben, aber den Tagen
mehr Leben«,[81]*

sagt ein Kalenderspruch. Ob nicht genau dies das Bild vom
»Guten Hirten« in Erinnerung rufen will?
   Vor einiger Zeit hat ein bedeutender Bundespolitiker
gesagt: »Die Kirche ist dazu da, den Menschen Hoffnung zu
schenken. Wozu denn sonst?«
   Das Bild vom Guten Hirten antwortet für mich auf diese
Frage. Gott zeigt in der Sorge um den Menschen, die durch
Jesus Christus so unmissverständlich deutlich wird:

*»Jeder ist ein Original, nicht eine Kopie. Mit jedem hat Gott et-
was Besonderes vor. Und es gibt keinen Namen eines Menschen
auf Erden, den Gott je vergessen würde. Das zu wissen, kann
unseren Tagen mehr Leben geben, ob wir jung sind oder hochbetagt, erfolgreich oder ein Pechvogel, unbefangen oder durch
eine tiefe Verletzung gezeichnet.*

›Liebe deine Geschichte‹, sagt Tolstoi. ›Sie ist der Weg, den Gott mit dir gegangen ist.‹«[82]

In dieser Aussage ist die Gute-Hirte-Rede Jesu auf den Punkt gebracht:

> *»Liebe deine Geschichte. Sie ist der Weg, den Gott mit dir gegangen ist.«*

Das ist eine einfache Predigt. Und doch braucht man ein Leben, um sie ganz zu verstehen.

ÖSTERLICHE HALBHEITEN

Da kommen die Frauen zum Grab. Sie erleben, dass der Leichnam nicht mehr da ist. Dann bekommen eine fast vorwurfsvolle Katechese:

> *»Was sucht ihr den Lebenden bei den Toten«* (Lk 24,5)?

Sie sind in die Welt der Engel eingetaucht. Und die verweisen sie auf das Erinnern:

> *»Erinnert euch an das, was er gesagt hat! Es musste doch alles so kommen«* (Lk 25,6).

Dann gehen Sie wahrscheinlich wie benommen, innerlich erschrocken und zugleich freudig mit neuer Perspektive durch die göttliche Berührung zu den Elfen. Und dann?

Die Apostel halten alles für Geschwätz. Klarer kann der Unglaube nicht kommentiert werden. Die Elf glauben nicht.

Das muss man sich einmal am Ostermorgen vorstellen! Hatten die Jünger keine Erinnerung mehr? Jesus hatte doch oft genug davon gesprochen, dass er in Jerusalem leiden und sterben, aber am dritten Tag auferstehen werde! Und jetzt halten sie alles für Geschwätz!

Na ja, wenigstens Petrus läuft zum Grab. Er sieht die Leinenbinden und das Schweißtuch dort liegen. Im Johannesevangelium (vgl. Joh 20,7) wird noch beschrieben, dass es ordentlich zusammengefaltet war. Aber er geht wieder nach Hause. Voll Verwunderung! Doch Verwunderung ist noch nicht Glaube. Wundern kann man sich über vieles. Aber glauben? An den Gott des Lebens glauben?

Wir müssen uns das vor Augen halten und dürfen es nicht einfach überspringen: In der Frühe des Ostermorgens gerät die Dynamik des Glaubens an die Auferstehung ins Stocken. So richtig will der Funke nicht überspringen. Die Elf fangen kein Feuer. Fast uninteressiert wird das leere Grab abgetan. Für sie ist die Botschaft der Frauen eben Geschwätz.

Alles Geschwätz! Sagen das nicht auch viele Menschen heute, wenn in einer Umfrage 2011 repräsentativ festgestellt wird, dass zwei Drittel der Deutschen nicht mehr an die Ostererzählungen glauben?

Was ist damals an Ostern wirklich passiert? Wie ist die Auferstehung Jesu für rationale Menschen begreifbar zu machen? Wie soll man Menschen, die fest mit zwei Beinen auf dem Boden der Tatsachen zu stehen meinen, erklären, was ein »verherrlichter Leib« ist?

Die Zweifel an dem, was die Osterevangelien verkünden, haben weite Kreise gezogen. Vor allem seit der Aufklärung müssen sich die biblischen Geschichten vor dem »Gerichts-

hof der Vernunft« beweisen, wie es der Philosoph Immanuel
Kant (1772–1804) formuliert hat. Wir sind neu angefragt!
Wir sind neu angefragt als die, denen Ostern am Herzen liegt.
Was müssen wir erzählen, sodass Menschen um uns spüren,
dass das Zeugnis der Auferstehung »Hand und Fuß« hat? Wie
müssen wir von Christus predigen, damit unsere Zeitgenos-
sen entdecken, dass die Schwerkraft nicht das einzige Gesetz
in diesem Leben ist, sondern, dass es auch so etwas gibt, wie
das Wunder und dass es die größte Sünde ist – so jedenfalls
Simone Weil – allein nur der physischen Schwerkraft zu ge-
horchen?

Es geht nur, wenn wir von Ostern erzählen! Immer wieder!
Es braucht Geschichten, die uns der Schwerkraft der Fakten
entheben und uns in das Geheimnis des Lebens hineinziehen. Geschichten, die vernünftig sind und doch den Himmel
berühren. Geschichten, die unsere Realität prägen und uns
dennoch österlich in das Geheimnis Gottes ziehen. Das ist gar
nicht so einfach, und doch auch nicht unmöglich.

Ich will zwei österliche Erschließungswege versuchen: Der
Erste: Am 16. März 1913 schreibt Franz Kafka seiner Verlob-
ten, der geliebten Felice, ob sie denn an Ostern Zeit hätte für
ihn. Die postwendende Antwort lautet: Ja. Und dann geht
das klassische Kafka-Theater los, ob ja oder doch nicht und
vielleicht schon, aber eigentlich vielleicht nicht und so weiter,
und so fort. Aber dann – in Gottes Namen packt er's und
fährt nach Berlin, in der Nacht des Karsamstags. Osternacht
am Anhalter Bahnhof. Er hatte gehofft, seine Felice am Gleis
zu sehen, dass sie Auferstehung feiern, den Neuanfang ihrer
Beziehung. Aber: Nichts. Sie ist nicht da. Er geht ins Hotel.
Findet keinen Schlaf. Im Morgengrauen springt er auf, rasiert
sich, macht sich fertig. Endlich meldet sich Felice. Sie fahren

in den Grunewald, sitzen einfach nebeneinander auf einem gefällten Baumstamm. Tage später schreibt ihr Kafka:

»Weißt Du, dass Du mir jetzt nach meiner Rückkehr ein unbegreiflicheres Wunder bist als jemals?«[83]

Ich glaube, es gibt in unserem Leben Momente des Wunders. Meistens fehlt uns die Sprache, die Welt des Wunders einzufangen. Aber in der Osternacht verkünden wir, dass Gott ein Gott des Wunders ist. Wie heißt es im Buch Exodus:

»Ihr haltet stille! Der Herr kämpft für Euch« (Ex 14,14)!

Gott ist der, der uns aus dem Chaos der Sünde und der »Todesverfangenheit« herauszieht. Er lässt uns spüren, dass er mehr Leben hat, als unsere Vorstellungen es erahnen, dass er mehr Freiräume schafft, als wir uns erkämpfen können, dass er mehr Lebenssinn ins Herz legt, als wir uns erarbeiten können.

»Man darf nicht müde werden, dem Wunder leise wie einem Vogel die Hand hinhalten«,[84]

sagt einmal Hilde Domin. Das Wunder ist für den, der in die Welt Gottes eintaucht, immer Realität. Und überall, wo wir mit dem Wunder in Berührung kommen, kommen wir mit der Realität des österlichen Gottes in Berührung. Ostern heißt für mich darum, von der Realität der Wunder in meinem Leben reden.

Ein zweiter Erschließungsweg für die österliche Erfahrung: Wer an das Wunder glaubt, will und muss kein Perfektionist sein. Mein geistlicher Begleiter im Studium hatte ein Wort, das er mir in den vielen Gesprächen immer wieder gesagt hat. Er sagte: »Lassen Sie den lieben Gott auch noch etwas tun!«

Wer das österliche Licht in sein Herz fallen lässt, hat den Mut zur Halbheit, ich nenne es den Mut zur »österlichen Halbheit«. Wie viele menschliche Dunkelheiten gibt es, die durch überhöhte Erwartungen entstehen, durch die Erwartung, dass die eigene Ehe vollkommen sei; dass der Beruf einen völlig ausfülle; dass das Beten uns immer in eine tiefe Gottesmystik eintaucht; dass wir in der Nachfolge ohne Murren und Zweifel sind; dass wir …

So ist das Leben nicht. Die meisten Ehen gelingen halb und das ist viel. Meistens ist man nur ein halber guter Vater, eine halbe gute Lehrerin, eine halbe gute Schwester und ein halber guter Bischof und ein halber glücklicher Mensch, und das ist viel.

> »Ostern lobt entgegen den Totalitätsterror die gelungene Halbheit. Die Süße und die Schönheit des Lebens liegen nicht am Ende im vollkommenen Gelingen und in der Ganzheit. Das Leben ist endlich, nicht nur in dem Sinn, dass wir sterben müssen. Die Endlichkeit liegt im Leben selbst, im begrenzten Glück, im begrenzten Gelingen, in der begrenzten Ausgefülltheit.«[85]

Denn: wer darum weiß, dass Ostern auf uns wartet, ist eingeladen mit seiner Begrenztheit und Halbheit zu leben, da der Auferstandene uns stets voraus ist. Der Auferstandene ist immer schon dort, wo wir hinkommen, und will uns mit Versöhnung und Heil beschenken. Wie schrecklich wäre es, wenn wir den Auferstandenen nicht mehr mit seiner Versöhnung bräuchten? Wie bitter wäre es, wenn der Auferstandene seine Befreiung und Erlösung uns nicht schenken könnte, weil wir in unserer Anstrengung nach Perfektionismus und Vollkommenheit ihn übersehen und in unserer Eigenmacht nicht mehr nötig haben würden?

Österliche Menschen glauben an das Wunder. Und österliche Menschen wissen um ihre Halbheit und Erlösungsbedürftigkeit. Deshalb ist die österliche Freude auch nicht zu verwechseln, mit der Freude über einen großen Lottogewinn oder darüber, dass der eigene Club den Fußballpokal gewonnen hat.

Ostern hebt nicht alle Halbheiten auf. Und österliches Wunder ist auch nicht einfach Hokuspokus und die Welt ist wieder in Ordnung. Ostern radiert den Karfreitag nicht aus dem Kalender. Weder aus dem eigenen Kalender noch aus dem Kalender anderer. Der Tod bleibt und ist in uns.

Wer Ostern verwechselt mit »nur Freude und Ausgelassenheit« oder »ungetrübten und nicht endenden Lachen«, verfängt sich eher in einem Positivismus und in einer Diesseitigkeit der Welt, die gerade die österlichen Wurzeln abgeschnitten haben.

Ostern weiß um den Tod, aber auch, dass der Tod nicht das letzte Wort hat. Ostern verbietet das Weinen nicht, erinnert aber daran, dass einer unsere Tränen trocknen wird. An Ostern freuen wir uns, dass der Karfreitag kein verlorener Tag ist. Das ist unsere Erlösung. Das lässt uns auf das Wunder hoffen. Und das lässt uns mit den Halbheiten in Hoffnung leben. Das ist kein Geschwätz. Ich glaube, das ist die österliche Wahrheit. Sie überzeugt, weil Menschen sich nach ihr sehnen. Mehr denn je.

FREUNDSCHAFT

Was ist ein Freund, eine Freundin?

Natürlich lässt sich vieles dazu sagen: Ein Freund ist jemand, der hilft, der beisteht, der unter die Arme greift, der ein offenes Ohr hat, der in die Bresche springt, wenn es Not tut, usw.

Für mich ist ein Freund mehr als all das. Freundsein bedeutet für mich mehr, als dass da einer ist, der mir hilft, wenn es irgendwann angesagt ist.

Meine erste richtige Freundschaft hat mich das spüren lassen.

Es muss wohl in der 2. oder 3. Klasse gewesen sein. Die Lehrerin setzte mich neben Bruno. Zuvor hatten wir nicht viel Kontakt. Aber nun, nachdem wir in der Schule nebeneinandersaßen, mussten wir ja irgendwie miteinander klarkommen. Und so wuchs unsere Beziehung. Ich erinnere mich noch daran, wie ich ihm eines Tages in der Pause die Frage stellte: Willst du mein Freund sein?

Freundschaft braucht Momente der Vergewisserung. Natürlich war zwischen uns beiden spürbar, dass Nähe entstanden war. Wir halfen uns bei den Hausaufgaben, wir teilten unser Pausenbrot miteinander und wenn es darum ging beim Fußballspielen eine Mannschaft aufzustellen, sahen wir zu, dass wir irgendwie in einer Mannschaft zusammenspielten. Aber dieser Moment der Frage »Willst du mein Freund werden?« und die klare Antwort »Ja!« war wie ein Bekenntnis, das der Freundschaft noch einmal eine neue Intensität gab.

Dann war der erste Besuch bei Bruno zuhause. Ich kam in sein Zimmer. Ich staunte. Das Bücherregal voller Karl-May-Bände. In meinem Elternhaus wurde nicht viel gelesen. Meine

Eltern waren Handwerker. Nach der Arbeit im Betrieb musste mein Vater sich um die Tiere und den Garten kümmern. Außer der Tageszeitung war Lesen für meine Eltern kein großes Anliegen.

Zum ersten Mal sah ich also bei Bruno diese dicken Bücher und ich erkannte, welche Bedeutung das Lesen für ihn hatte.

Diese Freundschaft mit Bruno, so würde ich in der Rückblende sagen, war für mich der Grund mit dem Lesen anzufangen, was für mich bis heute ein großes Hobby ist. Denn wie sollte ich Freund sein mit jemanden, dessen Lese-Welt ich nicht teilen konnte?

Ich spürte, Freundschaft will den anderen verstehen und das geht nur, wenn sein Anliegen auch zu meinem Anliegen wird. Freundschaft imitiert nicht, doch sie greift das innere Anliegen des anderen auf. Freundschaft ahmt nicht einfach nach, doch Freundschaft fragt nach dem, was der andere denkt. Freundschaft will auch keine einfache Kopie erzeugen, doch Freundschaft versucht, in den Anliegen des anderen etwas Gemeinsames zu schaffen und gleichsam an einem Strick zu ziehen. Freundschaft ist immer Solidarität und Solidarität heißt für mich: ich verstehe dich, ich weiß um deine Absichten, ich kenne deine Lebensausrichtung, ich habe Anteil an deiner Lebensaufgabe.

»Ich nenne euch nicht mehr Knechte; denn der Knecht weiß nicht, was sein Herr tut. Vielmehr habe ich euch Freunde genannt; denn ich habe euch alles mitgeteilt, was ich von meinem Vater gehört habe« (Joh 15,15).

Jesus nennt seine Jünger – und das sind wir – nicht Knechte. Jeder, der in der Nachfolge Jesu steht, hat die Berufung, sein

Freund zu sein. Jeder, der sich Christ nennt, sollte mit der Frage Jesu rechnen: »Willst du mein Freund sein?« Was antworten wir darauf?

Freundschaft ist immer ein Weg miteinander. Doch es ist ein Weg, auf dem die Eigenständigkeit nicht verloren geht. Am Ostermorgen leuchtet dies den Jüngern auf. Da sind zum Beispiel die Beiden auf dem Weg nach Emmaus, die Jesus zunächst nicht erkennen, ihn dann doch einladen, am Abend bei ihnen zu bleiben, schließlich mit ihm Mahl halten und dabei erfahren, mit welcher Freundschaft der Auferstandene an ihrer Seite ist. Und in dem Moment, in dem sie erkennen, dass seine Freundschaft am Kreuz nicht gestorben ist; in der Sekunde, in der sie erfahren, diese Freundschaft lebt, entzieht sich Jesus ihnen. Freundschaft entlässt den anderen immer wieder auf seinen je eigenen Weg. Wenn doch alle unsere Freundschaften diese »Duftmarke der Freiheit« zurückließen …

Ich kann mich daran erinnern, wie ich, wie gesagt, angestoßen durch die Freundschaft mit Bruno in unsere Pfarrbibliothek gegangen bin, um mir den ersten Karl-May-Band auszuleihen. Und dann habe ich irgendwann begonnen, selbst zu stöbern, meinen eigenen Leseinteressen nachzugehen, um dann mit Stolz Bruno von mir zu erzählen, welche Lesefrüchte ich entdeckt hatte.

In der Freundschaft mit Jesus geht es nicht um vordergründige Nachahmung. Es geht bei ihm nicht um Imitation. Wer könnte schon so leben, wie er gelebt hat? Doch sein Denken, seine Gottesliebe, seine Zuwendung zum Menschen stoßen mich an, meinem eigenen Weg, mit meiner Liebe und meiner Hoffnung zu trauen. Die Freundschaft mit Jesus ist Ertüchtigung und Ermutigung zum eigenen Weg. Das meint Jesus, wenn er alle moralischen Lebenshilfen auf einen einzigen Satz der Freiheit reduziert:

»Das habe ich euch gesagt, damit meine Freude in euch ist und damit eure Freude vollkommen wird. Liebt einander, wie ich euch geliebt habe« (Joh 15,12).

Freundschaft ist mehr als nur eine Hilfsgemeinschaft. Freundschaft ist allemal keine Abhängigkeit. Echte Freundschaft schenkt liebende Freiheit im Mitgehen.

Bert Brecht beschreibt in sechs Sätzen, was Freundschaft bedeutet:

»Ich will mit dem gehen, den ich liebe.
Ich will nicht ausrechnen, was es kostet.
Ich will nicht nachdenken, ob es gut ist.
Ich will nicht wissen, ob er mich liebt.
Ich will mit ihm gehen, den ich liebe.«[86]

»Ich nenne euch nicht mehr Knechte, sondern Freunde«
(Joh 15,15).

Freundschaft mit Jesus. Es gibt diese Freundschaft, weil es Ostern gibt. Freundschaft, die an seiner Seite auf einen eigenen Weg führt. Denn für mich heißt es: ER geht mit uns und wir dürfen mit ihm gehen und sein Anliegen vom Reich Gottes unter uns Menschen zu dem unsrigen machen.

VERSUCHEN

Ich hatte in der Schule einen super Mathematiklehrer. Offen gestanden: das sage ich heute. Es gibt mathematische Formeln, die ich damals bei ihm gelernt habe und die ich bis heute im Wortlaut aufsagen kann.

Doch damals ging mir dieser Lehrer nicht selten auf den Wecker. Oder muss ich besser sagen: er nervte oft!

Warum? Er hatte einen Spruch, den er stereotyp wiederholte. Vielleicht kennen Sie das: Lehrersprüche, die sich tief in die Seele einnisten und sich sofort mit einem Gesicht verbinden, wenn man nur an sie denkt.

Der Spruch meines Mathelehrers hieß: »Versuch es noch einmal!« Ich musste an die Tafel kommen. Eine Aufgabe vor den anderen vorrechnen. Das Ergebnis war falsch oder ich fand nicht den richtigen Lösungsweg. Dann seine Antwort: »So, jetzt fang noch einmal von vorne an, und versuch es ein zweites Mal.«

Dieses: »Versuch es noch einmal!« war sein Markenzeichen. Immer wieder hat dieser Lehrer mit viel Geduld und Ausdauer Schüler und Schülerinnen motiviert, nicht aufzugeben, wenn sich das Ergebnis oder der Erfolg nicht gleich einstellte. Auch wenn mir das damals oft auf die Nerven ging, weiß ich heute, dass ich durch diese Art seiner Unnachgiebigkeit viel gelernt habe, so viel, wie bei fast keinem anderen Lehrer.

Es ist wahr. Viele Dinge müssen wir mehrmals tun, um sie gut zu können.

Wer Volleyball spielen lernen will, muss erst einmal mühsam pritschen und baggern lernen. Das ist eine einförmige, geistlose und irgendwann totlangweilige Übung. Mühsam, anstrengend und dann irgendwann auch richtig nervig. Jedoch: wer mit einer Leichtigkeit beim Volleyball den Ball über das Netz bekommen will, der muss zuvor solche Dinge, pritschen und baggern, immer wieder trainieren.

Ich kannte in meiner Gemeinde eine Jugendliche: Barbara. Sie spielte unglaublich gut Klavier. Chopin war ihr Lieblingskomponist. Wenn sie mit den Händen über das Klavier hin und her flog, sah das aus wie eine einzige Leichtigkeit. Aber dann habe ich sie einmal üben sehen. Sie spielte eine Stelle einmal, zweimal, immer wieder, bis zum Ultimo. Und dies »nur« um die Spreizung der Finger hinzubekommen, um einen besonders weit auseinanderliegenden Akkord zu greifen.

Mit dem Lernen des Glaubens ist es genauso. Das erzählt eine Ostergeschichte im 21. Kapitel des Johannesevangeliums. Die Jünger sind am See von Galiläa. Jesus war ihnen in Jerusalem erschienen. Sie hatten mitbekommen, wie die Frauen vom leeren Grab wiederkamen. Sie kannten die Erzählung von Maria Magdalena, der Jesus im Garten als Auferstandener entgegengekommen war und sie so wunderbar mit ihrem Namen angesprochen hatte. Zwei der Jünger waren aus Jerusalem verschwunden. Ihre Enttäuschung war zu groß. Und dann aber gesellte sich Jesus zu ihnen und sie erkannten ihn. Immer wieder war Jesus den Jüngern erschienen, die sich im Abendmahlssaal versammelt hatten und hatte unter ihnen eine geheimnisvolle Atmosphäre des Friedens entstehen lassen.

Und dann berichtet das Evangelium, dass die Jünger wieder dort sind, wo sie herstammten. Am See von Galiläa. Aber es ist so, als hätte es keinen Ostermorgen gegeben. Keine Rede mehr vom Auferstandenen. Jesus scheint ihnen so fremd geworden zu sein, wie einem kleinen Kind der fremde Onkel, den man jahrelang nicht mehr gesehen hat und nicht wiedererkennt.

In einer Langeweile und Enttäuschung des Alltags gehen sie in der Dunkelheit des frühen Tages fischen. Es ist nicht nur äußerlich Nacht. Auch ihr Herz ist durch den Unglauben in tiefe Dunkelheit eingetaucht. Dann heißt es: Sie fingen nichts. Als sie das Schiff an Land bringen, steht Jesus am Ufer.

»Werft das Netz auf der rechten Seite des Bootes aus und ihr werdet etwas finden« (Joh 21,6).

Eigentlich unsinnig. Aber die Jünger tun es. Der Fang ist überwältigend. Und dann erzählt Johannes, dass der Jünger den Jesus liebt, innere Augen hat. Er ruft den anderen zu:

»Es ist der Herr« (Joh 21,7).

»Und jetzt macht es noch einmal!« »Werft die Netze noch einmal aus!« Man muss manchmal Dinge mehrmals tun. Auch auf dem Weg des Glaubens.

Zum Geist Jesu gehört es, auf der Suche des Glaubens nicht gleich beim ersten Versuch aufzugeben. Wer im Geist Jesu leben will, der hört auf sein Wort nicht nur einmal. In der Art Jesu zu leben, heißt immer wieder neu seinem Wort Vertrauen zu schenken. In der Art Jesu zu leben kann bedeuten, zum zweiten, dritten und vierten Mal die Liebe zu wagen, und sie unter den Menschen zu wagen, auch dann, wenn sie nicht gleich erwidert wird.

Der britische Philosoph Bertrand Russel (1872–1970) schreibt:

»Was die Menschen wirklich wollen ist nicht Wissen, sondern Gewissheit.«

Ja, danach sehne ich mich, nach der Gewissheit, dass das Leben Sinn hat. Ich sehne mich nach der Gewissheit, dass das Leben Halt und Orientierung findet. Ich wünsche mir Gewissheit, dass das Leben mit der gelebten Liebe nicht vergebens ist. Ich strecke mich nach der Gewissheit aus, dass nach meinem Leben jemand auf mich wartet.

Diese Gewissheit, finde ich in Jesus, erfahre ich, wenn ich in seinem Geist lebe. Doch: das ist eine Übung. Gewissheit stellt sich auch bei Jesus nicht auf ein Kommando ein.

Darum: Werfen Sie die Netze immer wieder aus. Versuchen Sie es immer wieder.

Denn: Wer nur betet, wenn es ihm dreckig geht, der wird das Gebet nicht als einen Ort des Friedens und der Gemeinschaft mit Gott erfahren. Beten muss man immer wieder.

Wer nur einmal liebt, oder nur die liebt, die auch uns lieben, der erfährt nicht, dass in der Liebe Gott mit seiner Kraft wohnt. Liebe ist eine Übung: Wer immer wieder das Netz des Guten auswirft, wer es immer wieder wagt, sich denen zu widmen, die unsere Hilfe benötigen, wer für die Armen und Notleidenden im Geist Jesu ein Herz hat, der wird die Gewissheit des Glaubens finden, dass der Himmel ihm nahe ist, der wird spüren, es gibt Gemeinschaft mit Christus in der Liebe.

»Das Leben ist nicht ein Frommsein,
sondern ein Frommwerden;
nicht ein Gesundsein,
sondern ein Gesundwerden;
überhaupt nicht ein Wesen,
sondern ein Werden;
nicht eine Ruhe,
sondern eine Übung.«[87]

Darum: Versuchen Sie es immer wieder noch einmal! Geben Sie nicht gleich beim ersten Mal auf. Hören Sie auf das Wort Jesu immer wieder neu. Wagen Sie seine Liebe immer wieder ein nächstes Mal. Werfen Sie Ihr Netz des Glaubens immer wieder aus. Der Geist Jesu, den Sie in Taufe und Firmung empfangen haben, will Ihnen dazu Mut machen. Sie verlieren dabei nichts, sondern gewinnen eine Gewissheit: nämlich eine tiefe Freude an Gott und den Menschen.

Versuchen Sie es. Versuchen Sie es immer wieder.

JESU ZEICHEN ZUM LEBEN VERSTEHEN

ES WIRD ETWAS KLAR

Was ist das Besondere an diesem Zeichen, das Jesus in Kana in Galiläa wirkt (Joh 2,1–12)? Dass aus sechs Krügen Wasser sechs Krüge Wein wurden?

Der Evangelist Johannes resümiert anders:

>»So tat Jesus sein erstes Zeichen und offenbarte seine Herrlich-
>keit, und seine Jünger glaubten an ihn« (Joh 2,12).

Also: in diesem Wunder, das Johannes Zeichen nennt, legt sich etwas offen, wird etwas klar: nämlich, wer Jesus ist. Und ein Zweites: durch dieses Zeichen geschieht etwas: die Jünger glauben. Das eine steht mit dem anderen in Verbindung: Weil Jesus sich offenbart, kann sich der Glaube ins Herz der Jünger legen.

Was offenbart Jesus? Zunächst einmal seine Souveränität. Er handelt nicht auf Befehl. Auch seine Mutter kann ihn nicht beeinflussen. Alles, was Jesus tut, kommt aus einer eigenen, inneren Überzeugung. Später werden die Jünger lernen, sein Handeln ist ganz und gar bestimmt vom Willen seines Vaters. Aber das Wichtigste: Jesus offenbart, dass er das Fest stattfinden lassen will. Eine Hochzeit ist ein Bild. Es steht für Zukunft, für wachsendes Leben, für Geborgenheit und Liebe. Alle Werte des Lebens, nach denen Menschen sich sehnen. Jesus will, dass die Hochzeit stattfindet. Dabei geht es ihm um mehr, als nur eine äußere Blamage abzuwenden. Er will, dass alle Wünsche, die an einem solchen Fest in den Herzen der Menschen aufsteigen, nicht Lügen gestraft werden.

Das Zeichen auf der Hochzeit zu Kana wird zu einer Ouvertüre für das spätere Leben Jesu. Hier ist bereits der

Grundakkord zu hören, aus dem die Melodie der Verkündigung Jesu komponiert wird, nämlich: Gott bleibt in der Liebe treu und er stillt den Hunger und Durst nach Leben in Liebe und Frieden.

Darin besteht die Herrlichkeit, die von Gott her durch Jesus den Menschen aufscheint. Nicht die »nackten Tatsachen« haben in dieser Welt das letzte Wort, sondern Gottes Handeln vermag die Grenzen unserer oft rauen Wirklichkeit zu durchbrechen. Damit ist die Hochzeit zu Kana eine Ostergeschichte, eine Geschichte, die erzählt, dass Gott dem Leben zum Durchbruch verhilft.

Ist das heute noch spürbar?

Eines Tages kommt Frau Heinrich in eine Kirche. Sie ist mit Einkaufstaschen schwer bepackt, abgehetzt und atemlos. Frau Heinrich geht eigentlich fast nie in eine Kirche, schon gar nicht am Sonntag oder zu den Feiertagen. Denn für Religion fehlt ihr einfach die Zeit. Auch jetzt, auf dem Weg zum Bus nach einem langen Arbeitstag, hat sie eigentlich keine Zeit. Sie möchte einen Augenblick Atemholen, ausruhen. Beten? – nein, einfach nur Ruhe haben.

Frau Heinrich ist seit zwölf Jahren Akkordarbeiterin. Einige Zeit hatte sie am Band gearbeitet, Schicht gemacht, in dieser Zeit hat sie ihr Kind bekommen und am wenigsten verdient, weil sie keinen Akkord arbeiten konnte, anschließend hat sie für die Firma Heimarbeit gemacht, und nachdem sie einen Krippenplatz bekommen hatte, ging es wieder los mit dem Akkord. Frau Heinrich steht nie inzwischen durch auf während der acht Stunden Schicht. Sie geht zur Frühstückspause und zur Mittagspause fünf Minuten später und fängt nach den Pausen auch früher wieder an. Zum Feierabend, wenn andere schon ihre Maschinen abwischen und die Taschen packen, kippt Frau Heinrich noch einen Kasten Material auf der Maschine aus und montiert noch 50 Teile. Frau Heinrich montiert 3.140 Teile am Tag. Und, wie gesagt, für Religion hat sie keine Zeit. Aber doch ganz selten, nach Feierabend und nach dem Einkauf, kommt sie in diese Kirche und ruht aus. Sie schaut in das rote Licht vorne und träumt vom besseren Leben. Dann geht sie wieder weiter.

Einmal, das möchte ich noch berichten, war Frau Heinrich doch ganz erstaunt in jener Kirche. Sie ging nämlich an diesem Tag etwas weiter nach vorne. Unter dem Tisch in der Mitte war ein Tuch gespannt. In schönen goldenen Buchstaben war da ein Satz aufgestickt – wie viel Arbeit das wohl gemacht hat, denkt Frau Heinrich, das geht wohl nicht in Akkord. Der Satz lautete: »Brich den Hungrigen dein Brot.« Frau Heinrich hat über dieses Wort nicht weiter nachgedacht. Aber sie fand es ein schönes Wort, irgendwie ist es ihr warm ums Herz geworden. Vielleicht deshalb muss sie manchmal daran denken, vor allem abends, wenn sie müde ins Bett fällt. »Brich den Hungrigen dein Brot.« Ob das schon Beten ist?[88]

Frau Heinrich will nur Ruhe haben, sie will abschalten, weil die raue und harte Alltagswelt ihre Kraft und ihr Leben stiehlt. Einmal zu sich kommen. Einmal innehalten. Dabei stößt ihr etwas zu. Es geschieht etwas mit ihr. Ungelenkt und unerwartet wird es ihr warm ums Herz. »Brich den Hungrigen dein Brot.« In aller Hektik und Betriebsamkeit stößt sie auf einen wahren Satz. Menschen haben Hunger, nicht nur nach Brot. Es gibt auch einen Hunger nach Wahrheit, nach Sätzen, die stimmen. Wir suchen nach einer Gewissheit, die unser und das Leben anderer durchzieht und im Guten bestimmen kann. Das gilt für diesen Satz: »Brich den Hungrigen dein Brot.« Menschen werden satt, wenn sie teilen. Und Menschen finden Sinn und Erfüllung, wenn sie das eigene Leben einsetzen, damit andere leben können. Davon versteht Frau Heinrich was. Beides fühlt sie für sich: Die Sehnsucht, dass jemand ihren Hunger nach Leben im schweren und gebrochenen Alltag wahrnimmt und dass sie selbst etwas geben darf und kann, dass das Leben anderer, zuerst ihres Mannes und der Tochter, leichter macht und auf einen guten, gelingenden Weg bringt.

Aber noch etwas entdeckt Frau Heinrich im Stillen: der Satz war mühsam in das Altartuch eingestickt und in goldener Schrift. Der Satz ist kostbar. Für Frau Heinrich in Worten nicht aussprechbar, aber dennoch mit dem Herzen fühlbar entdeckt sie, dass hier Menschen diesem Satz eine besondere Bedeutung gegeben haben. Der Satz, »Brich den Hungrigen dein Brot«, ist mehr als nur menschliche Klugheit. Es ist eine Antwort auf unser Leben, die von woanders herkommt und tiefer geht als alle vernünftigen Sprüche, die wir Menschen uns sagen. »Brich den Hungrigen dein Brot«, dieses Wort kostbar und in Gold gestickt, lässt es Frau Heinrich warm ums Herz werden und sie denkt noch in der Nacht darüber nach.

Gebet ist, so Martin Buber, »Gebet ist das Fühlbarwerden der Wirklichkeit Gottes.« Frau Heinrich fühlt in einem Satz, dass das Leben mehr ist als nur der graue Alltag, der sie in die Kirche treibt, um ein bisschen Ruhe zu finden. Sie macht, ohne dass sie es ahnt, die Erfahrung des Gebetes.

Es gibt in unserem Leben immer wieder Momente, wo es uns warm ums Herz wird. Es gibt Stunden, in denen das graue Allerlei der Tage und Jahre durchbrochen wird, durch ein Wort oder eine Begegnung und wir eine Hoffnung in uns empfinden, die sich nach mehr sehnt als nach dem, was wir gerade als Last und Aufgabe empfinden. Und es gibt einzelne Erfahrungen, in denen wir merken, hier ist etwas schön, das sich nicht im Akkord machen lässt.

Immer wenn das geschieht, wird etwas von Gott unter uns fühlbar und dann findet die Hochzeit zu Kana unter uns statt.

Zu Hieronymus, dem großen Kirchenlehrer, kam ein Mann, der das Weinwunder zu Kana nicht glauben konnte. »Das ist ja eine Unmenge von Wein.« Und Hieronymus soll darauf gesagt haben: »Ja, wir trinken heute noch davon!«

»Brich den Hungrigen dein Brot.« Frau Heinrich hat über dieses Wort nicht weiter nachgedacht. Aber sie fand es ein schönes Wort, irgendwie ist es ihr warm ums Herz geworden. Vielleicht deshalb muss sie manchmal daran denken, vor allem abends, wenn sie müde ins Bett fällt. »Brich den Hungrigen dein Brot.« Ob das schon Beten ist? Ja, denn was da geschenkt wurde, war von dem Wein, von dem wir seit der Hochzeit zu Kana trinken.

MAHL HALTEN

Das Abendmahl Jesu ist nicht erst Thema im Evangelium am Gründonnerstag. In der Synagoge von Kafarnaum hatte Jesus schon in der ersten Zeit seines öffentlichen Wirkens vom lebendigen Brot gesprochen, das er der Welt geben will.

> *»Ich bin das lebendige Brot, das vom Himmel herabgekommen ist. Wer von diesem Brot isst, wird in Ewigkeit leben. Das Brot, das ich geben werde, ist mein Fleisch, (ich gebe es hin) für das Leben der Welt« (Joh 6,51).*

Bei dieser Rede wurde bereits deutlich: Der galiläische Früh-
ling, die ersten euphorischen Reaktionen am Anfang der
Sendung Jesu, brechen mit der sogenannten »Brotrede« ab
und zum ersten Mal klingt im Johannesevangelium an, dass
die Fragen und kritischen Grundhaltungen zunehmen und die
Menschen Jesus aufgrund seiner Verkündigung angreifen.

Die Menschen verlassen die Synagoge, sind verärgert und
verstehen nicht, wie Jesus sich zu solchen Aussagen hinreißen
lassen kann:

> »Da stritten sich die Juden und sagten: Wie kann er uns sein
> Fleisch zu essen geben« (Joh 6,52)?

Und am Ende der Rede heißt es:

> »Viele seiner Jünger, die ihm zuhörten, sagten: Was er sagt, ist
> unerträglich. Wer kann das anhören« (Joh 6, 60)?

Jesus erkannte, dass seine Jünger darüber murrten, und fragte
sie:

> »Daran nehmt ihr Anstoß« (Joh 6,61)?

Ist das nicht verständlich? Da ist Jesus: Er ist unter denen, die
ihm zuhören, bekannt. Seine Familie lebt unter ihnen. Seine
Lebensumstände und Lebensverhältnisse sind ihnen bekannt.
Sie wissen: »Der« ist doch nur ein Mensch wie wir. Das ist
einer von uns. Und der sagt plötzlich:

> »Ich bin ein vom Himmel herabgekommenes Brot, und: Ich bin
> das bessere Manna. Mein Fleisch kann man essen, mein Blut kann

man trinken und dann wird man überhaupt erst wirklich leben!
Und wer dies nicht tut, der lebt eigentlich nicht« (vgl. Joh 6)!

Wer fühlte sich da nicht auf den Schlips getreten? Wer sollte da nicht denken: Jetzt dreht er aber durch und wird größenwahnsinnig!

Die Leute gehen protestierend weg. Sie kehren Jesus angesichts einer solchen Verkündigung den Rücken. Das klingt an dieser Stelle des Evangeliums in Kafarnaum noch moderat. Doch wir wissen: Diese Rede ist mit der Grund dafür, dass für Jesus der Karfreitag nackte Wirklichkeit wird.

Und was glauben wir? Was berührt uns, wenn wir Sonntag für Sonntag sein Mahl feiern, in dem er sich uns zur Speise gibt, wie wir sagen. Wie verhalten wir uns zu dieser Botschaft, dass er das Brot des Lebens ist und es uns immer wieder in besonderer Weise in die Hände legt?

Wie kann man sein Wort verstehen:

»Der Mensch lebt nicht vom Brot allein« (Mt 4,4)!

Nun, vielleicht finden wir zu einem neuen Verständnis, wenn wir uns erinnern: Kein Mensch kann nur von der Sättigung seines Leibes leben. Es ist doch eigenartig: Wir leben in einem Land, in dem die Bedarfsindustrie die Regale der Einkaufsläden bis zum Rand füllt. Jede Übersicht über die Produkte, die uns für die Nahrung des Leibes angeboten werden, übersteigt unsere Orientierung. Oder kennen Sie noch alle Käsesorten? Können Sie in den Kühlregalen noch die Verschiedenheit der Produkte auseinanderhalten?

Es ist doch bemerkenswert: Je mehr angeboten wird, je raffinierter die Produktpalette ausfällt, desto weniger reicht es aus. Selbst die Freizeitindustrie, die noch einmal mehr den inneren Hunger unserer Herzenssehnsüchte befriedigen will, ist nicht in der Lage, die letzte Unzufriedenheit zu verscheuchen.

»Denn der Mensch hungert nach mehr und Größerem. Er hungert im Letzten gar nicht nach der ewigen Zerstreuung, sondern er hungert nach der großen inneren Sammlung, nach dem Eins-Werden mit sich selbst und mit den Anderen, mit der Welt. Er hungert nach dem großen Glück, nach dem Geschmack der großen Freude. Er hungert nach der großen Liebe, nach unendlicher Stillung, er hungert nach Gott. Und wenn dieser Hunger nicht beantwortet wird, dann kann er im Letzen nicht leben, weil das Eigentliche keine Antwort gefunden hat, und ich wage zu sagen, dass all die großen Konflikte unserer Zeit, die die Welt heute zerreißen, die großen Aggressionen, die ideologischen Konfrontationen und Aufregungen letztlich davon herrühren, dass dieser Hunger ins Leere greift und der Mensch sich so in dieser Welt misshandelt fühlt und irgendwie immer nach dem Größeren, nach dem Eigentlichen sucht.«[89]

Was ist das »Eigentliche«? Und wie finden wir das »Größere«? Die erste Frage ist vielleicht noch schnell für uns beantwortet: Das Eigentliche ist für uns »Gott«. Wie sollte es anders sein, wenn er unser Ursprung ist? Aber wie finden wir ihn? Die Frage verdreht sich schnell: Was müssen wir tun, um ihn zu finden? Doch diese Frageumstellung verrät uns bereits. Wir Menschen wollen immer etwas tun. Wenn es darum geht, für sich Glück zu entdecken, für sich eine Zufriedenheit herzustellen, dann meinen wir, liegt es an uns, dafür etwas zu tun.

Aber Gott lässt sich nicht von uns finden: es sei denn, er selbst spricht sich in unser Leben hinein. Gott kann man nicht aus dem Himmel holen: es sei denn, er selbst kommt auf uns zu. Gott kann man nicht erkennen: es sei denn, er selbst macht sich sichtbar. Man kann von Gott keine Botschaft erzwingen: es sei denn, Gott selbst spricht von sich aus mit uns.

Gott ist für uns Menschen nicht verfügbar. Gott ist nicht das Produkt unseres Willens. Und Gott handelt nicht nach Maßstäben, die wir bestimmen. Gott bleibt für uns Menschen der immer Andere. Er ist das Geheimnis, das wir nicht einfach knacken können, wie man ein Rätsel versucht zu lösen.

Das Abendmahl Jesu lässt uns mit dieser Erkenntnis nicht allein und hilflos zurück. Am Abend vor seinem Tod bleibt die Predigt, wie zuvor in Kafarnaum, ja nicht nur Predigt, sondern sie wird am Abend des Gründonnerstags Wirklichkeit. Seine Predigt bekommt eine konkrete Gestalt und eine unmittelbare, konkrete Verortung.

In seiner Nachfolge hatten die Jünger durch Jesus, wenn auch noch sehr unvollkommen, verstanden: Wir können Gott nicht herbeizwingen, aber Gott sucht uns. Wir können Gottes Willen nicht beeinflussen, aber Gottes Wille ist es, die Menschen zu lieben. Wir müssen anerkennen, dass Gott nicht jedes Leid der Welt nimmt, aber Gott hat in Jesus gezeigt, dass er Mitleid kennt und auf der Seite derer steht, die im Leben zu kurz kommen. Wir können Gott nicht nach unseren Bedürfnissen aus dem Himmel holen, aber Gott ist in Jesus herabgestiegen. Wir können das Maß Gottes nicht bestimmen, aber Gott hat in Jesus gezeigt, dass er uns im Übermaß seiner Liebe begegnet. Das ganze Leben Jesu zeigt: Gott gibt sich, Gott gibt sich uns. Er zeigt sich. Er bleibt. Er hält fest an seiner Liebe. Er legt sich uns in die Hände. Er gibt sich uns –

und antwortet damit auf unser tiefstes Inneres. So verstehen wir die Worte Jesu, die er im Abendmahlssaal betet:

»Nehmt und esst, das ist mein Leib. Nehmt und trinkt, dass ist der Kelch des Neuen Bundes, mein Blut« (Mt 26,26–27)!

Die Eucharistie ist die Antwort auf die tiefste und unumgänglichste Frage unseres Wesens, die da heißt: Werde ich geliebt? Und die Antwort am Abend des Gründonnerstags heißt: Du wirst geliebt. Du bist geliebt vom Größten, von Gott. Du wirst geliebt von der Liebe Gottes, die die Hingabe nicht scheut. Darum sind wir Eingeladene, wie damals die Jünger im Abendmahlssaal. Christus zu kommunizieren ist damit nicht nur ein äußerer liturgischer oder frommer Akt. Es geht nicht darum, sich nur ein Stückchen Brot geben zu lassen oder einen Schluck Wein zu verkosten.

Es geht darum, dass wir die Zeichen von Brot und Wein, die nur aus dem Tod der Körner und Trauben zu gewinnen sind, verstehen als Zeichen für die Gegenwart dessen, der in seiner Liebe in den Tod ging, damit wir für unsere Existenz glauben können, dass wir in und aus der Liebe Gottes leben dürfen.

Augustinus(354–430) sagt:

»Empfangt, was ihr seid: Leib Christi, damit ihr werdet, was ihr empfangt: Leib Christi.«[90]

Bleibt nur noch die Bitte, die die Juden bereits in Kafarnaum aussprachen: »Herr, gibt uns immer dieses Brot!« Oder, wie wir im »Vater unser« beten: »Unser tägliches Brot gib uns heute!«

DAS ZIEL DES WEGES

DIE HERRLICHKEIT AUF ERDEN

Wie kann man dieses Wort, dass wir so oft in unserer religiösen Sprache, in den Bibeltexten und Gebeten benutzen, verstehen? Was ist für Sie »herrlich«?

Für mich ist es ein herrliches Gefühl, wenn ich unsere Uhus auf dem Annenfriedhof im Schatten des Domes aufwachsen sehe. Es ist für mich herrlich, wenn ich am Strand bei tiefblauem Himmel dem Ewigkeitsrauschen des Meeres lauschen kann. Ich freue mich über die Herrlichkeit der imposanten Bergwelt, die ich jedes Jahr in meinem Sommerurlaub in Südtirol vor Augen habe.

Oder ich erinnere mich an meinen Vater, der zu einer Sportveranstaltung seiner Enkelin als Besucher mit in die Turnhalle kam. Es ging um rhythmische Sportgymnastik. Sie kennen das: Da wirft man z.B. einen Ball in die Höhe, macht einen Purzelbaum und fängt anschließend den Ball wieder gekonnt auf. Oder man nimmt einen Reifen, wirft ihn so, dass er zuerst nach vorne schnellt, aber dann nach kurzer Zeit wieder zurückkommt. In der Zwischenzeit hat man eine Pirouette gezeigt und ist in der Lage, den zurückkommenden Reifen wieder aufzufangen. Herrliche Bilder sind das. Vor allem dann, wenn ein neunjähriges Mädchen in der grazilen Art und Weise der Gymnastik zum ersten Mal den eigenen Opa mit großem Stolz erfüllt. Wer könnte das nicht verstehen. Ich erinnere mich, wie wir nach diesem Wettkampf wieder nach Hause fuhren und mein Vater immer wieder kommentierte: »Das war einfach nur herrlich!«

Herrlich ist noch mehr als schön! Herrlich bedeutet: Hier war etwas außerordentlich. Etwas Ganzes. Etwas Großes. Etwas, was unter normalen Umständen so nicht zu erfahren ist. Herrlich ist wie »himmlisch«!

Darum berühre ich, wo dieses Gefühl sich meiner ermächtigt, etwas Göttliches.

> *»Und ich habe ihnen die Herrlichkeit gegeben, die du mir gegeben hast, damit sie eins sind, wie wir eins sind, ich in ihnen und du in mir. So sollen sie vollendet sein in der Einheit, damit die Welt erkennt, dass du mich gesandt hast und sie ebenso geliebt hast, wie du mich geliebt hast. Vater, ich will, dass alle, die du mir gegeben hast, dort bei mir sind, wo ich bin. Sie sollen meine Herrlichkeit sehen, die du mir gegeben hast, weil du mich schon geliebt hast vor Grundlegung der Welt«* (Joh 17,22–24).

Jesus spricht, so berichtet es uns das Johannesevangelium, im Abendmahlssaal ein letztes Mal zu seinen Jüngern. Der Abschluss dieser ›Abschiedsreden‹ ist im 17. Kapitel ein großes Gebet, das sogenannte ›Hohepriesterliche Gebet‹. Jesus betet darum, dass er in die Herrlichkeit des Vaters zurückkehrt. Aber dann bekommt das Gebet noch eine besondere Wendung: Er betet weiter, dass die Jünger an dieser Herrlichkeit Anteil haben.

> *»Ich habe ihnen die Herrlichkeit gegeben, die du mir gegeben hast«* (Joh 17,22)!

Aus meiner Sicht sind es drei wesentliche Dinge, die Jesus seinen Jüngern gegeben hat.

Erstens: Er hat ihnen seine unermessliche Liebe erfahrbar gemacht. Diese Liebe, die im Abendmahlssaal in dem großartigen Zeichen der Fußwaschung gipfelt. Diese Liebe hat das Herz der Jünger und Jüngerinnen berührt, sodass sie in dieser Liebe selbst leben wollen.

Zweitens: Jesus schenkt den Jüngerinnen und Jüngern sein Wort. In der Art und Weise wie Jesus von Gott erzählt, spüren die Jünger und Jüngerinnen die Unmittelbarkeit seiner Nähe zu Gott, die authentisch ist. Sie wissen: was Jesus sagt, ist die Wahrheit. Seine Rede von einem über alles barmherzigen Gott ist gedeckt durch sein Leben. Die Worte Jesu sind wie ein Bild. Ein neues Gottesbild in ihren Herzen, das Lust auf Leben macht.

Drittens: Die Jünger erleben in der Gemeinschaft mit Jesus, dass er sie braucht. Für Jesus sind die Jünger und Jüngerinnen nicht verschönernde Staffage. Sie sollen sein Werk fortsetzen. Darum waren sie mit ihm auf dem Weg. Als Lernende. Als Hörende. Als Staunende. Und so lernen sie glauben, dass die Herrlichkeit Gottes nicht über ihnen, sondern in ihnen ist. Die Jünger und Jüngerinnen entdecken, dass in der Freundschaft mit Jesus ihr Herz bewohnt wird. Sein Geist erfüllt die Herzen der Gläubigen und entfacht in ihnen ein Feuer der Liebe, die die Welt umarmen möchte. Ein herrliches Gefühl.

Franz Kafka schreibt in seinem Tagebuch am 18. Oktober 1921:

> »Es ist sehr gut denkbar, dass die Herrlichkeit des Lebens um jeden und immer in ihrer ganzen Fülle bereit liegt, aber verhängt, in der Tiefe, unsichtbar, sehr weit. Aber sie liegt dort, nicht feindselig, nicht widerwillig, nicht taub. Ruft man sie beim richtigen Wort, beim richtigen Namen, dann kommt sie. Das ist das Wesen der Zauberei, die nicht schafft, sondern ruft.«[91]

Die Herrlichkeit des Lebens mit dem richtigen Wort rufen. Für mich gibt es dieses Wort: Jesus Christus. Der Ruf nach ihm führt in die Liebe, schenkt ein göttliches Wort und sendet uns in die Welt, um Zeugnis zu geben, dass Gott die Herrlichkeit des Lebens nicht nur für den Himmel reserviert hat, sondern mit ihr hinabgetaucht ist auf die Erde unter uns Menschen. Dadurch bekommen wir eine Ahnung, zu welcher Herrlichkeit unser Leben hier und einmal in der Einheit mit ihm berufen ist.

Der Dichter und Priester Andreas Knapp überschreibt eines seiner Gedichte mit »der Herr«. Es ist wie ein Gebet und wie ein Ruf nach der Herrlichkeit des Lebens, nach der wir uns so sehnen, nicht nur in der Sporthalle:

> »wer den Thron deines Herzens besetzt
> zu dem du aufschaust
> den du anhimmelst
> der dich beherrschen darf
> den machst du zu deinem Herrn.
> ER steigt vom Thron des Himmels herab
> begegnet dir auf Augenhöhe
> kniet sich nieder auf der Erde
> und wäscht dir die Füße
> so herrlich will die Liebe sein.«[92]

DIE HERRLICHKEIT DES LEBENS

»Im Sommer 1923 lernt der tuberkulosekranke Franz Kafka, als Dichter nur Eingeweihten bekannt, im Ostseebad Müritz die 25-jährige Köchin Dora Diamant kennen. Und innerhalb weniger Wochen tut er, was er nicht für möglich gehalten hat: Er entscheidet sich für das Zusammenleben mit einer Frau, teilt Tisch und Bett mit Dora. In Berlin wagt er mit ihr das gemeinsame

Leben, mitten in der Hyperinflation der Weimarer Republik. Den
täglich kletternden Preisen, den wechselnden Untermietquar-
tieren, den argwöhnischen Eltern zum Trotz: Bis zu seinem Tod
im Juni 1924 werden sich Franz Kafka und Dora Diamant, von
wenigen Tagen abgesehen, nicht mehr trennen.
Aus dieser wahren Geschichte macht Michael Kumpfmüller
einen feinsinnigen, behutsamen und kenntnisreichen Liebes-
roman. Kafkas Tagebücher, seine Briefe und letzten Texte kennt
er genau und webt sie zart in die Erzählung ein. Aber ebenso
sehr widmet er sich Doras Sicht, dem Blick der verliebten jungen
Frau auf ihren rätselhaften, sterbenden Mann. Und so gelingt
Kumpfmüller eine tief anrührende Parabel über das Leben und
die Liebe, das Schreiben und den Tod.«[93]

Es ist eine melancholische und doch frohe Geschichte
zweier Menschen, die Kumpfmüller fiktiv erzählt. In weniger als einem Jahr finden Franz Kafka und Dora Diamant zu
einem gemeinsamen Leben zusammen und erfahren dabei
eine Liebe, die den Tod nicht ausblendet, beide aber zugleich darum wissen, dass sie in dieser Liebe etwas Einma-
liges geschenkt bekommen, das durch nichts in der Welt zu
ersetzen ist.

Beide hoffen noch, doch Kafkas Kräfte schwinden. Selbst
die Möglichkeit einer Trauung wird nicht mehr vollzogen und
so wünscht sich Kafka nur noch: dass »man etwas in der Hand
hätte, einen klitzekleinen Beweis, dass das Leben nicht auf-
hört, dass es nur Nacht ist und man am Morgen wohlbehalten
erwacht«.[94] Man fühlt und leidet mit dem Liebespaar, dem,
wie gesagt, noch nicht einmal ein Jahr für ein gemeinsames
Glück blieb. Und doch fühlt man beim Lesen die Dichte des
Schönen. Komprimiert heißt es:

»..., dass sie alles hatten, in dieser gedrängten Zeit, das ganze
Glück.«⁹⁵

Michael Kumpfmüller nennt seinen Roman, in dem beide
Seiten des Lebens, die Seite der Liebe und Hingabe sowie die
Seite der Hinfälligkeit und Endlichkeit, einfließen, bedeutsa-
mer Weise: »Die Herrlichkeit des Lebens«.

So bedrückend, so schwerfällig, so todesnah dieser Roman
das Leben in seiner ganzen Tragik erzählt, so sehr lässt der
Autor aufscheinen, dass in der Liebe zweier Menschen eine
Herrlichkeit aufleuchtet, die den Tod nicht ausblenden, aber
ihn überblenden kann.

Wann haben Sie so etwas von dieser »Herrlichkeit des
Lebens« erfahren?

»Die Herrlichkeit des Lebens!« Das ist auch eine Überschrift, die ganz zum Johannesevangelium passt. Kein
anderer Evangelist hat so oft und so umfänglich das Wort
»Herrlichkeit« in den verschiedenen Ableitungen genutzt
wie der Evangelist Johannes. Auch er blendet dabei den Tod
nicht aus:

»Jetzt ist der Menschensohn verherrlicht,
und Gott ist in ihm verherrlicht.
Wenn Gott in ihm verherrlicht ist,
wird auch Gott ihn in sich verherrlichen,
und er wird ihn bald verherrlichen« (Joh 13,13–33).

Im Johannesevangelium folgt die Rede Jesu über die »Ver-
herrlichung« unmittelbar der Fußwaschung und dem Letzten
Mahl und bildet den Beginn der sogenannten Abschiedsreden
Jesu. Die Sendung des Gottessohnes strebt dem Höhepunkt

zu. Jesus hat das Kreuz vor Augen. Und er nennt das, was jetzt geschieht, erstaunlicherweise »Verherrlichung«.

Ich verstehe das so: Jesus hat seinen Tod vor Augen. Dabei wird er all das vor seinem inneren Auge vorbeiziehen lassen, was in den letzten drei Jahren in der Gemeinschaft mit den Jüngern eine Rolle gespielt hat: die Berufung der Jünger am See, die Zeichen und Wunder, die Verkündigung eines Gottes, den er vertraulich Vater zu nennen gelernt hatte, die Auseinandersetzung mit den Juden, die Begegnung mit den Armen und Kranken, denen er mit Hilfe und Anerkennung begegnete. All dieser Einsatz, alles, was in der Leidenschaft seiner Verkündigung eine Rolle gespielt hatte, all das wird nun unmissverständlich für Jesus auf den Tod zulaufen.

Und an dieser Stelle resümiert Jesus:

»Jetzt ist der Menschensohn verherrlicht,
und Gott ist in ihm verherrlicht.
Wenn Gott in ihm verherrlicht ist,
wird auch Gott ihn in sich verherrlichen,
und er wird ihn bald verherrlichen« (Joh 13,13–33).

Doch er hat die glaubende Gewissheit: das ist nicht das Ende. Er glaubt, sein ganzes Leben mündet in den Gott ein, den er als den Gott der Liebe verkündet hat. Oder anders: In seinem Tod wird noch einmal offenbar werden, dass die Liebe, die von Gott kommt und die er in der Welt gelebt hat, niemals vergeblich war. Denn seine Liebe berührte die Herrlichkeit Gottes und führt in die Herrlichkeit Gottes.

Diese Herrlichkeit will Jesus den Jüngern nicht vorenthalten. Darum lädt er sie ein:

»Liebt einander, wie ich euch geliebt habe« (Joh 13,34).

Es geht Jesus nicht um irgendeine Liebe. Es geht um die Liebe, die ganz aus Gott kommt, es geht um die Liebe, die zu Gott zurückfindet und darum nicht verloren geht. Diese Liebe ist in Jesus ansichtig geworden. Wer in dieser Liebe lebt, verliert nicht das Heimweh nach Herrlichkeit.

In seinem gleichnamigen Buch schreibt darum der norwegische Bischof von Trondheim, der Kartäuser Erik Varden:

> *»Indem ich mich vor Gott stelle, bekennen ich, dass ich nicht Gott bin. Ich gebe zu, dass mich eine große Kluft von ihm trennt. Ich akzeptiere das unbequeme Anderssein Gottes. Er ist, was ich nicht bin – aber mein Wesen trägt seine Prägung. Ich sehne mich nach einer Erfüllung, die mir kein Geschöpf geben kann. Ich gehe über diese Erde als fleischgewordene Sehnsucht. Ich bin auf ihr daheim und dennoch ein Fremder, voller Heimweh nach einer Heimat, an die ich mich erinnere, die ich aber noch nie gesehen habe.«* [96]

Wer die Liebe Jesu in sein Herz fallen und zur Tat werden lässt, der wird die Herrlichkeit des Lebens entdecken und somit die Sehnsucht nach einer Heimat, in der die Fülle des Lebens auf uns wartet.

EWIGES LEBEN

Der Entertainer, Schauspieler und Kabarettist Herbert Feuerstein ist 2020 verstorben. In seiner lesenswerten, niveauvollen und köstlich-kurzweiligen Autobiographie »Die neun

Leben des Herrn F.«, schrieb er über seine Sicht auf die letzten Dinge.

»Der Tod ist mein ständiger Begleiter – so lautet der Cantus Firmus im Hintergrundrauschen der Musik Johann Sebastian Bachs. Der Satz gilt auch für mich, aber ich empfinde ihn nicht als Bedrohung. Natürlich fürchte ich den Tod. Aber nicht sein Warum, sondern sein Wie, die Angst, er würde mich lang und qualvoll leiden lassen. Ich bin deshalb fest auf Seiten jener, die die Selbstbestimmung für das eigene Leben ohne Einschränkung fordern. Da ich einen Ruf als Satiriker zu wahren habe, hier ein Vorschlag: Wie wär's mit der Verhängung der Todesstrafe für den Selbstmordversuch? Sie folgern richtig, wenn Sie in mir einen Atheisten erkennen. Der Glaube ist für mich das, was das Wort ausdrückt: Hoffnung in Form einer ungesicherten Vermutung und Trost für die menschliche Unfähigkeit, über die Grenzen des Verstandes hinauszublicken. Ein ewiges Leben würde mir eh zu lang dauern; ich werde schon auf dem Flughafen unruhig, wenn ich länger als zehn Minuten warten muss.«[97]

Das ist ein Text von jemanden, der mit Worten umgehen kann. Knapp und prägnant, gespickt mit Bildern, erklärend in der Aussage, was Glaubende hoffen und doch mit einem klaren, fast bissigen Zweifel an das Ewige Leben.

Nur wie kann ich darauf antworten? Gibt es einen vernünftigen Zugang zu einer Erklärung, warum es sinnvoll ist, an mehr Leben zu glauben als eine irdisch befristete Lebenszeit?

Natürlich können wir in der Suche nach einer Antwort schnell auf die Auferstehungsberichte der Evangelien verweisen. Auf diese bezieht sich die Aussage im Credo: »Ich glaube an die Auferstehung der Toten und an das Ewige Leben!« Doch, was meinen wir damit und welche Vorstellungen bewegen uns, wenn wir daran denken, dass »etwas« (oder das Wesentliche?) von unserem Leben endlos dauern soll? Ist das vorstellbar? Die Schwierigkeit einer Antwort beginnt bereits, wenn wir fragen, was wir uns unter Leben überhaupt vorstellen.

»Ist das überhaupt noch Leben?«, so fragen manche Schwerkranke. Die Diskussion um eine ärztliche Beihilfe zum Suizid hat diese Frage noch einmal zugespitzt. Im Februar 2020 hat sich das Bundesverfassungsgericht in einer Weise zum Recht auf selbstbestimmtes Sterben geäußert, die der katholischen kirchlichen Ethik nicht entspricht. Die Frage, »Was ist Leben?«, stellt sich in unserer säkularisierten Zeit noch einmal ganz neu.

Im christlichen Sinn verwirklicht sich Leben in Freiheit, Verantwortung und Liebe. Diese Grundhaltungen erschließen sich aus dem Glauben, dass das Leben von Gott kommt. Darum hat dieses Leben Würde. Ein Gedanke, der auch im ersten Satz unseres Grundgesetztes festgehalten wurde:

> *»Die Würde des Menschen ist unantastbar. Sie zu achten und zu schützen ist Verpflichtung aller staatlichen Gewalt. Das deutsche Volk bekennt sich darum zu unverletzlichen und unveräußerlichen Menschenrechten als Grundlage jeder menschlichen Gemeinschaft, des Friedens und der Gerechtigkeit in der Welt.«[98]*

Es gibt etwas in unserem Leben, das hat Endgültigkeit: Es ist eine von Gott gestiftete Würde, die jedem Menschen zugesprochen ist. Diese Würde bleibt. Mag ein Mensch unter die Räder kommen, mag ein Mensch durch eigenes Versagen sein Leben verunstalten, mag ein Mensch durch Krankheit oder Not behindert oder eingegrenzt sein: was immer bleibt, ist eine Würde, die keinem Menschen abzusprechen ist oder geraubt werden kann. Denn diese Würde kommt aus unserem Glaubensverständnis von Gott selbst. Sie hat in ihm seinen Ursprung. So lebt in uns etwas, das von Gott kommt. Diese Würde ist der Grund unserer Persönlichkeit. Und aufgrund dieser Würde dürfen wir mit unserer Fantasie und unserer schöpferischen Kraft in Verantwortung die Welt mitgestalten.

Wenn also die Würde unseres Lebens von Gott kommt, wie sollte Gott sie dann am Ende unseres Lebens vergessen? Wenn diese von Gott gestiftete Würde unserem Leben den eigentlichen Wert gibt, wie sollte Gott daran vorbeisehen und wie könnte Gott am Ende verloren gehen lassen, was er geschenkt hat und was somit unser Leben kostbarer macht als alles Gold und Silber dieser Welt?

Doch es gibt für mich noch einen zweiten vernünftigen Gedanken, der mir hilft, an das Ewige Leben zu glauben. Das jüdisch-christliche Gottesbild ist geprägt von der Vorstellung, dass Gott die Schöpfung ins Dasein gerufen hat. Er ist der Ursprung von allem. Die Schöpfungsberichte der Bibel wollen in ihrer Gestalt nicht erklären, wie alles aus dem Nichts entstanden ist. Sie wollen erzählen, warum Gott und mit welcher Absicht Gott alles ins Leben gerufen hat. Die biblischen Schöpfungsberichte erinnern: Gott hat den Kosmos geschaffen wie ein Haus, in dem der Mensch leben soll. Dieser Mensch, der ganz von der Erde stammt und zugleich den Atem Gottes (die göttliche Würde) in sich trägt, dieser Mensch verwirklicht seine Berufung, wenn er vor Gott sein Leben in Freiheit, Verantwortung und Liebe für sich und seine Mitmenschen gestaltet.

Wo ich diesem Gottesbild glaube, kann das Vertrauen in Gott nicht auf halbem Weg steckenbleiben. Weil ich Gott das Allererste, die Schöpfung zutraue, traue ich ihm auch das Allerletzte zu, traue ich ihm auch ein neues Leben aus dem Tod zu. Gott, der dem Kosmos, dieser Welt und uns Menschen das Leben eingehaucht hat, hat so viel Atem, dass er für mehr als nur eine irdisch begrenzte Lebenszeit reicht. In der Stunde des Todes wird er uns noch einmal neu mit »seinem Atem anhauchen«. Es wird ein Atem sein, der uns dann nicht mehr ausgeht. Der Gott, dessen mächtiges Wort alles erschaffen hat, dieser Gott hatte nicht nur das erste Wort, sondern er wird auch das letzte Wort sprechen. Und auch dieses Wort wird wieder lebensspende Kraft haben, sodass dem Tod die »Sprache vergehen« wird. Der Gott des Anfangs wird auch der Gott des Endes sein und darin sein Gott-Sein nicht verlieren. Darum ist das Ende kein Ende.

Die Botschaft von der Auferstehung will an nichts anderes erinnern: Gott hat sein Wort, das er in Jesus Christus einmalig und unüberbietbar sichtbar gemacht hat, im Tod nicht untergehen lassen. In Jesu Auferstehung hat er gezeigt, dass angesichts des schöpferischen Wortes Gottes der Tod verstummen muss.

In einer bayrischen Gemeinde wird ein Pfarrer zu einer alten sterbenden Frau gerufen. Er soll ihr die Krankensakramente spenden. Der Pfarrer setzt sich ans Bett der Sterbenden und spricht sie liebevoll an. Er zeigt seine Betroffenheit und will der Frau mit guten Worten Mut und Hoffnung schenken. Als der Pfarrer die Sakramente gespendet hat, schlägt die Frau die Augen auf und schaut den Priester liebevoll an: »Ach, wissen's Herr Pfarrer, dass ich nun gehen muss, ist nicht so schlimm. Sein's nicht so traurig. Hauptsach', der Herrgott bleibt's gesund!«

ANMERKUNGEN

1 Quelle unbekannt.
2 Quelle unbekannt.
3 https://jochenteuffel.com/2017/12/14/wer-wuerde-es-wagen-neben-ihm-eine-ameise-zu-bemerken-jan-twardowski-ueber-gott-und-die-welt/20.12.2019.
4 Friedrich Nietzsche, Von großen Ereignissen, in: Also sprach Zarathustra – Ein Buch für alle und keinen, Berlin 1968, 165.
5 Rachel Naomi Remen, Kitchen Table Wisdom, Geschichten, die heilen, Goldmann, München 2007, 182f.
6 Romano Guardini Romano Guardini, Tugenden. Meditationen über Gestalten sittlichen Lebens, Würzburg 1963, 69–70, Tugenden. Meditationen über Gestalten sittlichen Lebens, Würzburg 1963, 69–70.
7 Guardini, a. a. O., 76.
8 Anselm Grün, in: Das kleine Buch vom wahren Glück, 101.
9 Christine Lavant, Die Bettlerschale, Gedichte. Salzburg 1956.
10 Johanna Domek, www.orden.de.
11 Rachel Naomi Remen, Kitchen Table Wisdom, Goldmann Verlag, München 2007, 176–177.
12 Karl Rahner, Rede des Ignatius an einen Jesuiten von heute, Freiburg i. Br. o.J., 14.
13 Ebd.
14 Ebd.
15 Mt 4,12; Mt 15,21; Mk 1,35; Mk 1,45; Mk 3,7; Mk 7,24; Mk 11,11; Lk 4,42; Lk 5,16; Joh 6, 15; Joh 11,54.
16 Taizé, in: Luitgard Maria Tusch-Kleiner/Josef Rafael Kleiner, Einkehr zur Mitte, Otto Müller Verlag, Salzburg 1985.
17 Henri J. M. Nouwen, Zeige mir den Weg, Herder, Freiburg i. Br. 1990, 18
18 Ignatius, Die Exerzitien, Freiburg i. Br. 1980, 2.
19 Werner Posner, Und in allem Gott: Christliche, jüdische und islamische ›Zwischenrufe‹ (Evangelische Perspektiven), Bochum 2020, 111.
20 Lothar Zenetti, zit. nach Rudolf Stertenbrink, Wirf deine Krücke weg, Herder, Freiburg 1996, 127.
21 Vgl. Die Bibel, Einheitsübersetzung, Kommentierte Studienausgabe, Stuttgart 2018, 231.
22 Autor unbekannt, zit. nach g. Otto, Rhetorische Predigtlehre, Mainz 1999, 162 .
23 vgl. Franz Kamphaus, Auf den Punkt gebracht. Biblische Anstöße, Herder Verlag, Freiburg 1994, 90.
24 Hubertus Halbfas, Der Sprung in den Brunnen. Eine Gebetsschule, Düsseldorf 1981,169 zit. nach Johannes Bours, Ich werde ihm den Morgenstern geben, Herder Verlag, Freiburg 1988, 20.
25 Gerald Hüther, zit. nach Christ in der Gegenwart, 50 (1998), 158.

26 Beda Müller in: Christ in der Gegenwart, 50 (1998) 156.

27 Wolf Biermann, Mensch Gott, Suhrkamp, Frankfurt 2021, hier zitiert nach: Herder Korrespondenz 10/2021.

28 Besuch des Heiligen Vaters beim Europaparlament und beim Europarat, Ansprache des Heiligen Vaters an das Europaparlament, Straßburg, Frankreich, Dienstag, 25. November 2014.

29 Ebd.

30 Ebd.

31 Karl Barth, Augenblicke. Texte zur Besinnung ausgewählt von Eberhard Busch, Zürich: Theologischer Verlag 2001, 63.

32 Aus: Christ in der Gegenwart 2/2001, 15.

33 Franz Sieder, Gegen den Strom, Amstetten 2001, Auszug aus einer Predigt anlässlich 20 Jahre Betriebsseelsorge in Steyr am 25. September 1994.

34 Johannes Bours, Halt an, wo läufst du hin? Bildmeditationen, Freiburg, 1988, 138.

35 Thomas Meurer, Christ in der Gegenwart 26/2004/209.

36 Hans Küng, Was bleibt. Kerngedanken. Herausgegeben von Hermann Häring und Stephan Schlensog, Piper Verlag, München Zürich 2013.

37 Ebd.

38 Rotzetter Anton, in: Gebetsmappe der Burg Altpernstein, 246.

39 http://www.radiovaticana.org/ted/articolo.asp?c=513570/20.8.2011.

40 Zit. nach Johannes Bours, Und Jesus fragte ihn, Freiburg 1983, 43–44.

41 Jonathan Borowsky (geb. 1942 in Boston, lebt in Maine/New York) realisierte das 25m lange Stahlrohr mit dem himmelwärts schreitenden Mann zur documenta 9 im Jahr 1992. Aufgrund des großen Anklangs bei den Kasseler Bürgern wurde das Kunstwerk angekauft. Die Kaufsumme von 585.000 DM wurde durch eine Bürgerinitiative, verschiedene Spendenaktionen und öffentliche Gelder erbracht.

42 Günter Kunert, aus Peter Müller, Wer aufbricht kommt auch Heim, Eschbach.

43 Elie Wiesel, aus: Die vielen Gesichter Gottes. Ein geistliches Lesebuch, München 1991, 126.

44 Quelle unbekannt.

45 Karl Rahner, Sehnsucht nach dem geheimnisvollen Gott, Freiburg i. Br. 1990, 92 f.

46 Vgl. Franz Kamphaus, Tastender Glaube, Inspirationen zum Matthäus-Jahr. © Patmos Verlage, Verlagsgruppe Patmos in der Schwabenverlag AG, Ostfildern, 2. Aufl. 2017, 100.

47 Zit. nach Rosemarie Egger, Kann man ein Geheimnis lieben? Was wären wir ohne die Gottesfrage, edition Fischers, Frankfurt a. M. 2017, S. 33.

48 Siehe insgesamt zu diesem Abschnitt, Ebd., 13–39.

49 Enzyklika Deus Caritas est, 14.

50 nach Emmanuel Jungclausen, Leben im Geheimnis, Freiburg 1997, 54.

51 Quelle unbekannt.

52 'Abdu'l-Bahá in seinem Buch ›Bahá'u'lláh und das neue Zeitalter'
    ('Abdul-Bahā; geboren 23. Mai 1844 in Teheran, Iran; gestorben 28.
    November 1921 in Haifa, Israel, damals Völkerbundsmandat für Paläs-
    tina) war der Sohn des Religionsstifters Bahā'ullāh.

53 Quelle unbekannt.

54 Ulrich Schaffer, (In. U. Schaffer In der Dichte des Lebens). Ein tägliches
    Nachdenkbuch, Kreuz Verlag 1995, 17. Mai.

55 Paul Michael Zulehner, Kirchenenttäuschungen, Herder, Freiburg 1997,
    107.

56 Josef Pieper in: »Über die Tugenden. Klugheit, Gerechtigkeit, Tapfer-
    keit und Maß, Kösel Verlag, München 2004, zitiert nach Christ in der
    Gegenwart, 39/04.

57 Joachim Fuchsberger, Altwerden ist nichts für Feiglinge, Goldmann
    Verlag 4. Auflage, 2014.

58 Ebd., 14.

59 Franziskus, Laudato si, 158.

60 Ebd, 159.

61 Martin Luther Kind, Dieser Teil der Rede wurde unter dem Titel
    »Vietnam und der Kampf für die Menschenrechte« veröffentlicht in:
    King, Martin Luther: Testament der Hoffnung: letzte Reden, Aufsätze u.
    Predigten / Martin Luther King. Eingel. u. übers. von Heinrich W. Gros-
    se. – Originalausgabe, 4. Aufl., (25.–32. Tsd.). – Gütersloh: Gütersloher
    Verlagshaus Mohn.

62 Papst Franziskus, Laudato si, 245.

63 Anselm Grün, Du bist ein Segen. dtv Verlag, München 2008.

64 Joseph Ratzinger, Einführung in das Christentum, München 1965,
    240–242.

65 Dietrich Bonhoeffer, Ethik, DBW Band 6, 257f. und 259.

66 Hilde Domin, https://lyrikzeitung.com/2009/07/12/27-hilde-domins-
    mut/15.10.2023.

67 Georg Christoph Lichtenberg, aus Worte für die Seele, Herder, Freiburg
    2001, 200.

68 Fjodor Dostojewski, Die Brüder Karamasoff, Piper Verlag, München
    1914, 644.

69 Aus: Basil Hume, Selig die Suchenden. Texte für Menschen auf dem
    Weg, München/Zürich/Wien: Verlag Neue Stadt 2001.

70 Christian Lehnert, Glaube lässt sich nicht in Dogmen verfestigen, Inter-
    view mit Claudia Keller, in: Herder Korrespondenz 71 (2017), 19–23,
    hier 22.

71 Ignatius von Loyola, Die Exerzitien, Freiburg i. Br. 1980, 234.

72 Jean-Claude Hollerich, Christ in der Gegenwart 32/2022/17.

73 Charles de Foucauld in: Gebete für das ganze Leben, Leipzig 2004.

74 Johannes Eckert, Apokalypse, Bilder des Schreckens, Bilder der Hoffnung: Visionen für heute, Freiburg im Breisgau 2022, 121.

75 Benedikt XVI., Jesus von Nazareth, Freiburg i. Br. o.J (?), Bd. 2, 255.

76 Klaus Roos in: »Geh deinen Weg und sei ganz«, Matthias-Grünewald-Verlag, Mainz 1993.

77 29. April 2015, 11:04 Uhr, Befreiung des KZ Dachau 1945: »Tausende stürzten auf die Amerikaner zu: lachend, weinend, rufend«d, SZ, https://www.sueddeutsche.de/politik/befreiung-des-kz-dachau-tausende-stuerzten-auf-die-amerikaner-zu-lachend-weinend-rufend-1.2454214/10.4.2020.

78 Leo der Große, Sermo 63,7: PL 54,357, zit. in LG 26.

79 Wird Rabbi Israel Ben Eliezer (1700–1760,), auch genannt Baal Shem Tov zugeschrieben, dem Begründer des chassidischen Judentums im heutigen Polen-Litauen in der ersten Hälfte des 18. Jahrhunderts.

80 Bastian Sick, Der Dativ ist dem Genitiv sein Tod, Folge 5, Köln 2013, 10f.

81 Cicely Saunders, die Begründerin der Hospizbewegung in England.

82 Franz Kamphaus, Brief an die Gemeinden im Bistum Limburg zur österlichen Bußzeit 2001.

83 siehe: Florian Illies, 1913, Der Sommer eines Jahrhunderts, Frankfurt a. M. 2012.

84 Hildes Domin, 1992 Bernhard Vogel, dem Vorsitzenden der Konrad-Adenauer-Stiftung gewidmet.

85 Fulbert Steffensky, zit. nach Wandeln, Mein Fasten-Wegweiser 2016, Andere Zeiten e. V., Hamburg 2015.

86 Brecht, Berthold: Der gute Mensch von Sezuan, 80, Z. 15–19.

87 Martin Luther – deutscher Reformator (1483–1546), aus »Grund und Ursach aller Artikel D. Martin Luthers, so durch römische Bulle unrechtlich verdammt« (1521), erschienen in »D. Martin Luthers Werke: Kritische Gesamtausgabe« (Weimarer Ausgabe, Band 7, 1897), Zitateheft 2018.

88 Bischof Josef Homeyer, Predigt, Datum und Quelle unbekannt.

89 Joseph Ratzinger, Pentlinger Predigten, Regensburg 2016, 34f.

90 Augustinus, Sermo 272 – Osterpredigt für Neugetaufte.

91 Franz Kafka, Tagebucheintragung 18. Oktober 1921, veröffentlicht 1926 (posthum), zit. nach: Michael Kumpfmüller, Die Herrlichkeit des Lebens, Fischer Verlag, Frankfurt a. M. 2014.

92 Andreas Knapp, Tiefer als das Meer, Gedichte zum Glauben, Würzburg2/2012, 18.

93 Michael Kumpfmüller, Die Herrlichkeit des Lebens, Kiepenheuer &
    Witsch, Köln 2011, Klappentext.
94 Ebd., 217.
95 Ebd., 223.
96 Erik Varden OCSO, Heimweh nach Herrlichkeit, Freiburg i. Br. 2021,
    Klappentext.
97 Herbert Feuerstein, Die neun Leben des Herrn F.: Autobiographie, Ull-
    stein, Berlin 2014, 381.
98 Art. 1, Abs. 1, 2 GG.

Alle biblischen Zitate sind entnommen: Die Bibel, Einheitsübersetzung,
Katholisches Bibelwerk, Stuttgart 2018.

Umschlagabbildung: Bernwards Säule, Detail: Jesus und die Samariterin am Jakobsbrunnen. © Dommuseum Hildesheim, Foto: Frank Tomio

Bibliografische Information der Deutschen Nationalbibliothek:
Die Deutsche Nationalbibliothek verzeichnet diese Publikation
in der Deutschen Nationalbibliografie; detaillierte bibliografische
Daten sind im Internet über https://dnb.de abrufbar.

1. Auflage 2024
© 2024 Verlag Schnell & Steiner GmbH, Leibnizstr. 13,
D-93055 Regensburg
Satz und Umschlaggestaltung: typegerecht berlin
Printed in Germany

ISBN 978-3-7954-3899-9

Weitere Informationen zum Verlagsprogramm erhalten Sie unter:
www.schnell-und-steiner.de